复旦发展研究院智库丛书

FLAUC 复旦-拉美大学联盟 FUDAN - LATIN AMERICA UNIVERSITY CONSORTIUM

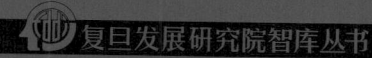

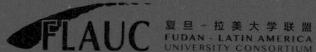

国际格局变化中的公共产品供给

来自拉丁美洲与中国的视角

复旦发展研究院
复旦-拉美大学联盟 编

中国社会科学出版社

国际格局变化中的公共产品供给

来自拉丁美洲与中国的视角

复旦发展研究院
复旦-拉美大学联盟 编

中国社会科学出版社

图书在版编目（CIP）数据

国际格局变化中的公共产品供给：来自拉丁美洲与中国的视角／复旦发展研究院，复旦-拉美大学联盟编．—北京：中国社会科学出版社，2021.10

（复旦发展研究院智库丛书）

ISBN 978-7-5203-8887-0

Ⅰ.①国… Ⅱ.①复… ②复… Ⅲ.①公共物品-供给制-研究-中国、拉丁美洲 Ⅳ.①F20

中国版本图书馆 CIP 数据核字（2021）第 162799 号

出 版 人	赵剑英
策划编辑	白天舒
责任编辑	王 斌
责任校对	许 惠
责任印制	王 超

出　　版	中国社会科学出版社
社　　址	北京鼓楼西大街甲 158 号
邮　　编	100720
网　　址	http://www.csspw.cn
发 行 部	010-84083685
门 市 部	010-84029450
经　　销	新华书店及其他书店
印　　刷	北京明恒达印务有限公司
装　　订	廊坊市广阳区广增装订厂
版　　次	2021 年 10 月第 1 版
印　　次	2021 年 10 月第 1 次印刷
开　　本	650×960 1/16
印　　张	11.5
字　　数	141 千字
定　　价	68.00 元

凡购买中国社会科学出版社图书，如有质量问题请与本社营销中心联系调换
电话：010-84083683
版权所有　侵权必究

编 委 会

主 任：张　怡
　　　　阿琳·蒂克纳（Arlene B. Tickner）
　　　　妮可·珍妮（Nicole Jenne）

成 员：黄　昊
　　　　钱斯蕴
　　　　刘斯媛
　　　　邓皓琛

策　划：复旦-拉美大学联盟（FLAUC）

复旦大学（中国）
罗萨里奥大学（哥伦比亚）
智利天主教大学（智利）
布宜诺斯艾利斯大学（阿根廷）
拉普拉塔国立大学（阿根廷）
圣保罗大学（巴西）
坎皮纳斯州立大学（巴西）
智利大学（智利）
安第斯大学（哥伦比亚）
蒙特雷科技大学（墨西哥）
墨西哥国立自治大学（墨西哥）
圣马尔科斯国立大学（秘鲁）
埃森大学（秘鲁）

目　录

导　言
　　黄河 ·· 1

文化视角

第一章　南北美洲关系与拉丁美洲现代性的语义
　　约亨·克莱因施密特（Jochen Kleinschmidt） ········ 7
　一　引言 ·· 8
　二　拉丁美洲区域主义与国际关系中的文化理论 ········ 10
　三　拉丁美洲现代性的论述与《米诺斯迷宫》 ········· 13
　四　《米诺斯迷宫》中的区域政治 ···················· 17
　五　结论 ·· 20

第二章 人文交流：对全球公共产品的贡献

    刘永涛 ·· 23
- 一 引言 ·· 24
- 二 社会建构主义的视角 ······································ 25
- 三 对所有人都有益的全球公共产品 ······················· 27
- 四 人文交流作为全球公共产品的促进者、维护者和供给者 ·· 30
- 五 中国与拉丁美洲和加勒比海地区 ······················· 33
- 六 结束语 ·· 36

国际关系视角

第三章 拉丁美洲-加勒比地区是中国国际发展合作的新伙伴

    胡安娜·加西亚·杜克（Juana Garcia Duque）
    胡安·帕博罗·卡萨迭哥·格瓦拉
    （Juan Pablo Casadiego Guevara）·················· 39
- 一 概述 ·· 41
- 二 中国的援助：简要的历史视角 ························· 43
- 三 中国与拉丁美洲的国际合作 ···························· 45
- 四 中国对拉丁美洲的直接投资 ···························· 46
- 五 "一带一路"倡议与拉丁美洲 ··························· 47
- 六 拉美-加勒比地区的南南合作和三角合作 ············ 50
- 七 整合南南合作和三角合作：拉美-加勒比地区与中国的新视角 ··· 54
- 八 结论 ·· 58

第四章 中拉合作新阶段:"一带一路"倡议对未来道路的影响

朱莉安娜·冈萨雷斯·豪雷吉(Juliana González Jáuregui)
.... 60

一 前言 62
二 "一带一路"倡议:中国发展愿景的三层架构 68
三 中国与拉美的经济交往:一个目标,多项战略 72
四 将拉丁国家纳入"一带一路"倡议:
　　现在进行时 75
五 "一带一路"倡议下的拉美:对"中国发展愿景
　　三层架构"的思考 78
六 结论 80

第五章 不进不退:地区主义和美国在争取新的东亚国际秩序中的矛盾角色

妮可·珍妮(Nicole Jenne)
克里斯蒂安·沃思(Christian Wirth) 83

一 导论 85
二 美国和东亚国际秩序 87
三 促进区域合作的倡议 90
四 结语 96

金融和管理视角

第六章 全球公共物品与形象不平等:国际援助提供全球公共物品的困境

玛塔·奥奇曼(Marta Ochman) 101

— 3 —

一　导论 …………………………………………… 102
    二　关于公共产品的传统讨论 …………………… 103
    三　全球公共产品及其传统讨论的局限性 ……… 108
    四　国际援助、"应得性"原则与象征不平等 …… 112
    五　提供公共物品：替代方案的具体化 ………… 115

第七章　腐败与公共产品供给
    理查德·卡里尔（Richard Kalil）
    安德列斯·赞布拉诺（Andres Zambrano） ……… 118
    一　简介 …………………………………………… 119
    二　理论方法 ……………………………………… 122
    三　对哥伦比亚数据的实证研究 ………………… 124
    四　结论 …………………………………………… 139
    附录 7.1 …………………………………………… 139

结　论　从中国和拉美公共产品中学到的经验
    妮可·珍妮（Nicole Jenne）　邓皓琛 …………… 141

参考文献 ……………………………………………… 144

附　录 ………………………………………………… 177

导　言

黄　河[*]

1973年，美国经济学家查尔斯·金德尔伯格（Charles P. Kindeberger）在《1929—1939年世界经济萧条》（*The World in Depression 1929-1939*）一书中提出一个观点：国际经济体系的稳定运转需要某个国家来承担"公共成本"，这个观点后来发展成为"国际公共产品"（International Public Goods）概念。第二次世界大战后逐步形成的以联合国为核心的国际体系和以国际法为基础的国际秩序，无不体现出国际公共产品理论的前瞻性、指导性和适用性价值。进入21世纪以后，特别是2008年国际金融危机以来，国际公共产品理论有了新的重要变化，更为强调区域合作和区域安排的区域性公共产品理论逐步发展成型，并在国际政治经济实践中发挥日益重要的作用，反映出国际政治领域的公共产品理论具有较强的适应力与解释力。

---

[*] 复旦大学国际关系与公共事务学院教授。

 国际格局变化中的公共产品供给：来自拉丁美洲与中国的视角

近年来，随着发展中国家逐步崛起，全球权力转移进程不断加速，世界范围内保护主义、单边主义和霸权主义有所抬头。在上述背景下，深入分析现有公共产品的供给，并在此基础上进一步发展完善公共产品理论，具有极为重要的现实意义与理论意义。本书正是出于这一目的予以编写。一方面，补充了大量有关公共产品理论的最新案例；另一方面，提供了国内学界较少涉及的拉丁美洲视角。

作为国内率先探索和发展公共产品理论的高校之一，复旦大学在樊勇明教授等老一辈学者的带领下，引进和吸收了国外相关领域的研究成果，推动了公共产品理论在国内的深入发展。值得注意的是，在这一过程中，复旦大学有关学者没有盲从西方发达国家的既有研究成果，而是着重翻译和介绍能体现发展中国家利益诉求的专著和论文，其中具有代表性的是 2002 年由安东尼·埃斯特瓦多道尔（Antoni Estevadeordal）、布里安·弗朗兹（Brian Frantz）和谭·罗伯特·阮（Tam Robert Nguyen）主编，美洲开发银行出版的《区域性公共产品：从理论到实践》（*Regional Public Goods: From Theory to Practice*）一书。该书由樊勇明教授主编，张建新教授与笔者等合作翻译引进，是当代国际政治经济学领域关于区域性国际公共产品的重要文献，汇集了当时各国学者在该领域的最新研究成果。该书深入研究与分析了通过区域途径促进发展的有效性，并通过若干项目的实施检验了区域性公共产品在发展援助中的实际效果，涉及拉丁美洲的有关研究在该书中占据了重要篇幅，并对区域性公共产品理论的发展完善提供了宝贵案例。拉丁美洲地区作为发展中国家的主要代表之一，是公共产品理论需要关注和研究的重点区域，也是公共产品理论体现自身解释效力的重要对象。

导　言

随着国际政治经济秩序的不断发展变化，以拉丁美洲为代表的南方国家逐渐步入新的发展阶段，呼唤更为符合时代变化趋势和体现发展中国家利益的公共产品理论。在上述背景下，复旦—拉美大学联盟会聚复旦大学及拉丁美洲相关领域的众多学者，共同推出了这本基于"中国与拉丁美洲视角下"的公共产品理论研究文集，为国内学术界提供了拉丁美洲各国有关公共产品理论的最新研究成果，有助于推动国内相关领域研究的深入发展。

本书共分为三个部分，分别从文化视角、国际关系视角、金融和管理视角进行了深入研究。第一部分主要从文化视角探讨了拉丁美洲、公共产品以及中国与拉丁美洲的关系等有关概念，运用文化主义的有关研究范式，对南北美洲关系与拉丁美洲有关现代性的语义进行深入分析，认为拉丁美洲各国参与国际与地区事务的不同动向深刻影响了拉丁美洲国家对提供全球公共产品的态度。该部分还通过社会建构主义视角分析全球公共产品和人文交流，并从概念上理解全球公共产品的含义及其影响，解释了人文交流如何促进全球公共物品的供给。在此基础上，讨论了中国与拉丁美洲国家之间的人文联系如何维护和提升全球公共产品的有关合作的途径等问题。

第二部分主要从国际关系视角探讨了中国与拉丁美洲国家之间的相关合作。学者们研究了拉美国家视角下的国际公共产品和区域公共产品的实践，着重分析了中国在拉丁美洲提供类似公共产品的传统方式，主要包括地区投资和经济援助等；评估了"一带一路"倡议为代表的新型公共产品供给方式对中拉关系的可能影响；拉丁美洲视角下的域外公共产品供给也构成本部分的重要内容。该部分揭示了国际关系变化如何对公共产品供给产生影响，研究了公共产品如何对国际关系产生能动的反作用等，有助于读者对相关领域的研究有更为全面和清晰的认识。

第三部分主要从以金融和管理为代表的国际经济视角，探讨如何对公共产品供给的经济效果进行评估，尤其强调国际援助等经济管理手段对公共产品供给水平的可能影响，从而契合了美洲开发银行首倡的通过发展援助提供区域性公共产品的概念框架，揭示出公共产品供应机制、监督方式和评价体系等多种经济管理机制的不同，决定了公共产品供给能力和供给效果的巨大差异。

正如本书最后所说，"改变对同一问题的处理方法有时可以带来知识性或实践性的新发现，特别是当这种方法被不同国家的人采用，而他们又共享类似的经验时"。本书在介绍拉丁美洲和中国学者的不同研究内容时，没有停留在单纯介绍不同地区、不同领域专家学者的不同看法，而是看到了中国与拉丁美洲彼此间的相似性、共通性和联结性，力图通过对公共产品领域不同侧面问题的分析，寻求对中国与拉丁美洲都更为科学有效的公共产品供给方式。正所谓"他山之石，可以攻玉"，从拉丁美洲和中国的视角，在有利于彼此进一步加深学术了解和研究合作的同时，也将有利于双方朝着打造一个更为科学、民主和公正的公共产品供给模式而共同努力。

黄　河

2021 年 8 月 5 日于上海

文化视角

Perspectives on Culture

第一章

南北美洲关系与拉丁美洲现代性的语义

约亨·克莱因施密特（Jochen Kleinschmidt）

■ 摘要

拉丁美洲在全球治理结构中的参与是在南北美洲关系的广泛背景下进行的。这一参与本质上是不平等的，并且是在其参与意义已被殖民过程确立的背景下发生的。然而，这并不意味着拉丁美洲国家在世界政治中应仅被视为被动的或受压制的行为体。拉丁美洲对西方的"现代性"形成了独特的理解。已故的委内瑞拉知识分子何塞·曼努埃尔·布里塞尼奥·格雷罗（José Manuel Briceño Guerrero）将其描述为三种独立且经常相互冲突的形式——普遍主义的理性、殖民等级制度以及激烈的抵抗。在本文中，这一概念与国际关系中国家行为的文化理论有关，并被用来解释拉丁美洲国家参与国际事务的一些更为非传

统的动态。这些动态同时也影响了拉丁美洲国家对提供全球公共产品的态度。

■ 致谢

本文由罗萨里奥大学科学人才促进（Fomento al Talento Científicos-Universidad del Rosario）研究基金赞助。该基金与"拉丁美洲社会差异"（Regionalismo y diferenciación social en América Latina）项目有关。

■ 关于作者

约亨·克莱因施密特（Jochen Kleinschmidt），哥伦比亚罗萨里奥大学政治学、政府与国际关系学院副教授，2014年于德国慕尼黑大学获得博士学位。克莱因施密特教授目前的研究领域包括世界社会理论、政治地理学、南北美洲关系和冲突研究。他近年来在《国际政治》《替代性方案》《巴西国际政治期刊》等刊物上发表过作品。

一 引言

尽管拉美国家在经济、政治与文化方面存在许多差异，较低的相互依赖程度使其没有如欧洲那样成为高度融合的地区（Malamud 和 Gardini，2012：126），但拉丁美洲国家之间却往往表现出相对同质的，或至少是相似的政治动态（political dynamics）。这一观察似乎在相关文献中成为共识。因此，拉丁美洲区

第一章 南北美洲关系与拉丁美洲现代性的语义

域政治的动态通常会被描述为十年一变（decade-specific tendencies）。20世纪40—50年代，该地区以高速的现代化与城市化为主；而在60—70年代，许多国家出现了军事独裁；到了80—90年代，该地区是以回归民主和新自由主义霸权为特征（Tickner，2008）。而21世纪的第一个十年则是"粉红浪潮"或者说"左转"的年代，这些特点的出现源于之前趋势的失败，但同时也标志着"资源榨取主义"（extractivism）的回归，这也是该地区许多国家经济增长的主要来源（Rosales，2013）。

如今，另一个转折点的到来似乎已日趋明显，尽管尚不清楚未来几代学者会用哪些概念标签来描述它。除了一些例外情况，该地区各国的经济实践仍然或多或少地倾向于新自由主义学说以及其他激进的方案。这些做法在很大程度上辜负了人们对更公平的财富分配的期待（Grugel和Riggirozzi，2018：551）。咄咄逼人的民族主义煽动者，如巴西的雅伊尔·博索纳罗（Jair Bolsonaro）的出现和成功当选令人震惊，这一现象揭示了各国民众对于腐败和缺乏安全的高度不满。但迄今为止，这些民族主义政治人物并没有制定任何解决上述或其他重要问题的具体政策路线（Hunter和Power，2019）。从这一意义上来说，该地区普遍存在的"公众情绪"（"public mood"）从根本上来说是一种不确定性。这种情绪是对公开某些情绪和智识反应过程的一种集体协调（Ringmar，2018）。用葛兰西的术语来说，这一现象也可以被定义为一种"权威危机"，即一个"旧体系正在死去，新体系仍未诞生"的"过渡期"（Gramsci，1971：276）。

这种不确定性一再出现，而且因国际形势而不断加剧。虽然拉丁美洲政治的前一阶段显然是由北美的霸权塑造的。但在当代，非美洲势力在拉丁美洲的影响力以及在某些情况下的实

— 9 —

质存在在显著提升，这也是自古巴导弹危机以来的第一次。一个典型的例子是目前俄罗斯对其委内瑞拉的盟友尼古拉斯·马杜罗（Nicolás Maduro）政权的军事支持（Mijares，2017），以及前者在后者的采掘业和对该地区其他一些国家的武器销售中所起到的作用（Rouvinski，2015）。尽管我们很难从经验的角度审视其长期影响，也许从长远来看更为关键的是，中国企业和机构作为原材料买家和潜在投资者，在该地区的经济参与主要在基础设施项目（Gallagher，2016：168）。也许，与之前完全依靠美国的情况相比，这些新的关系能为拉美国家创造更多行动自由（Nolte，2013），或者说，拉美国家可能正在经历一场依赖于"逸事证据"（anecdotal evidence）与"夸大过去美国的全能性"的戏剧性过程（Long，2016：519）。无论如何，如同在21世纪初参与国际政治时一样，拉美国家面临着巨大的不确定性。不同的是，拉丁美洲国家对提供和参与全球公共产品的意向不太可能受此影响。

二 拉丁美洲区域主义与国际关系中的文化理论

与此同时，除了委内瑞拉等显著不同的国家，今天的拉丁美洲与过去并无太大区别（Teixeira，2012：60）。它没有过多地卷入任何西半球外大国间实际的安全竞赛。即使是在任何在理论上可行的情况下，至少在短期内拉丁美洲也没有国家接近于成为一个强大的竞争者（Peña，2018）。在一系列可能原因的作用下，区域内权力，即南锥体（Southern Cone）的区域领导权，从阿根廷转移到了巴西，但并没有导致预期的冲突（Schenoni，2018）。此外，任何致力于建立全球等级秩序的革命性立场目前

第一章 南北美洲关系与拉丁美洲现代性的语义

都暂时被抛弃或至少被削弱了，以换来该地区国家对这些立场中某些方式的接受，尽管它们在更遥远的未来非常有可能实现。这种模式在区域政治的前几个阶段中也都出现过（参见 Schulz, 2017）。因此，拉丁美洲的国际政治行为，如在全球治理结构中的参与、弃权与抗拒，极不可能在近期被均势、追随强者、寻求地位等传统机制主导。

一个更有可能的假设是，任何对国际政治的参与或不参与都将以十分具体的国内合法性标准作为先决条件。在没有强烈的外部安全困境或社会内部危机的情况下，拉丁美洲国家将遵循这样的方法，即社会行动"不是由物质因素产生的，而是通过文化形成的理解作为中介"（Schulz, 2019：92），这一方法并非基于现实主义或马克思式的唯物主义。换句话说，观念的国际关系方法似乎比结构性理论在提出拉丁美洲产生区域政治未来优先事项的假设上更有说服力。部分学者认为，目前普遍存在的一种情况是，在后霸权和多元化的体系，而不是自上而下的权力建构区域的视角中，更容易产生由区域共同关注和规范主导的"区域世界"（regional worlds）（Acharya, 2014：81）。然而，有其他学者强调，拉丁美洲的地区主义一直具有重要的话语元素（discursive element）（Malamud 和 Gardini, 2012：130）。然而，这一论述至少也适用于欧洲一体化中的某些元素（Diez, 2014）。不论怎样，对公共或私有产品的政治认同也经常受到带有文化特征的论证（Marginson, 2007：310）。总的来说，学者们对拉丁美洲区域政治进入了一个新阶段有着广泛的共识，这一阶段的特征是主要关注国内合法性的内向型视角（inward-looking vision）（Petersen 和 Schulz, 2018：52）。

因此，将文化规范相关理论作为政治决策主要驱动力应当成为研究拉丁美洲未来可能性的一种合理的方法。然而，利用传统规范或国际关系中基于身份的理论来研究一个由拉丁美洲规范驱动的区域的出现，也许会十分困难。Neumann 与 Wigen 认为（2018），英国学派（English School）的国际社会理论"过分具有现代主义同质化（hemogenising）的特点，且过于美化（hagiographical）那些被边缘化和排斥的对象"。这一看法也与国际关系理论的后殖民主义批评家的担忧相一致。经典的反建构主义作品往往基于身份认同，这些身份认同在经典的大国竞争下也许有价值（如 Wendt，1999），但非意料之中或不太可能出现的安全困境和均势考虑是非必要的，就像在拉美政治中经常发生的那样（Kleinschmidt 和 Gallego，2017：4）。同样，以规范为导向的建构主义（constructivism）也因对"主权、世俗主义和人权等国际规范从其产生的欧洲核心中出现，然后扩散到接受规范的非欧洲地区"的期望而受到批评（Kayaoglu，2010：209）。

此外，依照 Christian Reus-Smit 的观点（2018：4-5），许多国际关系学者倾向于根据"文化是有界的、整合的而有区别的连贯实体"的"默认观点"来看待文化的概念。以这样一种一元论的方式将文化的概念禁锢，会使得人们很难理解，除了被用作从认知视角强调理性计算（rationalist calculations）文化如何具有任何真正概念上的影响。同样的道理，国际关系中许多与文化有关的概念仍然是基于传统的离散的"文明"概念（Buzan，2010：3）。这方面其他的一些研究成果借鉴了认知理论（recognition theories）。例如，它们将传统的"荣誉"、"面子"和"尊严"文化区分开来（Friedrichs，2016）。虽然这是一种更复杂的方法，而且使得在"单位"（units）内部更容易出

第一章　南北美洲关系与拉丁美洲现代性的语义

现不一致,但它同时也依赖于将本质上拟人的概念简单放大(Friedrichs,2016)。因此,这一方法本质上仍然是静态的。这也是许多文化主义方法在研究国际关系理论时的不足之处(Reus-Smit,2018：47)。

三　拉丁美洲现代性的论述与《米诺斯迷宫》

在本节中,为了提出一种更灵活的方法以替代上文中的方式,笔者建议通过一位委内瑞拉作家的视角来研究当代拉丁美洲的政治动态。这位作家的作品至少在南美洲北部是小有名气的,但它们从未被翻译成英语或应用于国际关系领域。然而,他的工作以一种独特的方式论证了上面提到的那些缺点。何塞·曼努埃尔·布里塞尼奥·格雷罗(José Manuel Briceño Guerrero)于1929年出生在委内瑞拉的亚诺斯(Llanos)地区。他先后于加拉加斯、巴黎、莫斯科、维也纳和格拉纳达学习语言和哲学,随后定居委内瑞拉的梅里达。在梅里达,他是一位活跃的"哲学家、诗人、作家、大学教授以及极为杰出的公民"。布里塞尼奥于2014年去世(Rodríguez,2016：44),生前他访问过包括中国在内的许多国家与地区,并于1996年获得委内瑞拉国家文学奖。布里塞尼奥偶尔会使用朱纽埃尔·布吕格(Jonuel Brigue)的笔名。

他的著作中,与本文联系最为紧密且在他生前被再版了数次的是《世界中的拉丁美洲》(*América Latina en el mundo*)(Briceño,2003)与《米诺斯迷宫》(*El laberinto de los tresminotauros*)(Briceño,2014)。这两本书是理解前文所提出的地区动因的关键。笔者尤其推荐参考《米诺斯迷宫》,因为这本书对特

— 13 —

定区域规范的起源、作用和变化有着很深的理解。拉丁美洲地区性国际社会的情况与那些常在经合组织（OECD）成员国中常被观察到的略有不同。这本书也许会对"规范生命周期"（norm life cycle）的研究有所帮助（Finnemore 和 Sikkink，1998：896）。布里塞尼奥视角的核心本质上采用的是后殖民主义视角，即拉丁美洲是如何在欧洲思想、文化和规范的知识霸权的背景下创建，并持续接受这种思想霸权影响的（Briceño，2003：7）。当然，这种观点在当代关于该地区的国际关系理论中很常见（Rojas，2016）。然而，一个重要的区别是，布里塞尼奥没有采用这种理论中常受到批评的二元化。依照一位批评家的观点，这种二元化"在许多方面悄悄地重复摩尼教和本质主义的论述和认识模式"（Acheraïou，2011：7），以及强调拉丁美洲次级代理人（subaltern agency）的创造性身份。

依照布里塞尼奥的观点（2014：87），拉丁美洲的基本话语取向以及使用旧大陆知识实现的自我认同可以用"教化"（paideia）的概念描述，或者说是"第二欧洲"①向着其昔日殖民者建立的准则不断靠近的一种愿景。但与其他方法不同的是，这一过程的结果并不是在"镜像知识"的层面上再现了南北美洲思维的二元性，而是产生了类似于"棱镜知识"的结果。这些知识"随着新现实、新视角和新挑战的出现而蓬勃发展"（Santos，2018：141）。与纯粹的"二元冲突"以及（或者）大都会和殖民地知识形式之间从属关系不同，在对待那些被强加于己的"将现代世界社会的复杂性问题化"的现代性时，这一方法具有一种创造性的动因（Kleinschmidt，2018：73），

---

① 由作者从西班牙文翻译而来。

第一章 南北美洲关系与拉丁美洲现代性的语义

即使这种创造性很明显是等级性与排他性的社会关系所产生的。根据布里塞尼奥（2014）的研究，在拉丁美洲殖民、抵抗和依赖外力实现现代化的过程中，不同知识叙述之间的碰撞带来了跨种族和文化的融合与交往，并最终产生了"三大论述"。目前，这三种论述支配着拉丁美洲所有的知识话语以及使社会或政治行动合法化的企图。

第一类是有关"理性"的论述。这种论述本质上是一种欧洲启蒙思想与18、19世纪拉美精英论述的理性主义混合体，它依靠的是乐观的语言概念，比如"现代性"、"进步"或"发展"。这种论述通常在官方演讲和文件中占主导地位，尽管它也可能使叛乱或抵抗合法化（Briceño，2014）。同时，它不应当与可以被置于政治左右轴线上的具体意识形态项目混为一谈，因为这种关于理性的论述很有可能在宣称市场逻辑的优越性与提倡社会规划的极大重要性时，展现出惊人的一致性（参见Toro，2005）。是论证的风格，而不是社会本体论的实际内容决定了叙述行为在语言游戏中的归属。同时，这种论述不应与当代北美或西方的那种往往相当"有限"的理性主义混为一谈，它可能会使用类似的语言，并经常赞颂其特定的教义——如自由主义或马克思主义，但的确会在许多方面更加的激进与绝对。从这个意义上说，它还没有经历过西方现代性及其社会科学中所特有的"理智"（reason）与"理性"（rationality）的分化（Freyberg‐Inan，2016：64）。理性主义话语对人类的弱点、语境或批判性质疑并无多大关注，它是绝对而迫在眉睫的（Bianculli，2010：166）。

— 15 —

第二类论述可以被称为"基督教西班牙的""曼图阿诺的"①（Briceño，2014），或者更具体地说，"西班牙天主教的"（Nahon-Serfaty，2017：657）。与理性主义话语通常更为符合的普遍的现代概念相反，"曼图阿诺"式的语言往往属于拉丁美洲特有的文化，通常给人一种陈旧的印象。它的本体论具有一种内在的层次性，并且强调人的存在中形而上的那一方面。它强调人际间的忠诚以及可继承的特权，或者说强调这两种事物的缺乏。而这些都是根据家庭或种族来定义的，同时也非常接受隐性制定的自然宇宙秩序。在这种宇宙论中，人类既不是代表更伟大事业的行为者，也不是高度代理的、强大的存在——而在理性主义者的论述中，人类十分接近于这两者（Briceño，2014：223）。从这个意义上来说，与"曼图阿诺论述"最接近的西方概念或许是其古代哲学思想中强调万物等级分类的"存在大链"（great chain of being）（Mahoney，1987）。然而，尽管后者被明确为一种哲学学说，但"曼图阿诺"话语很少被公开提及（这是理性语言的一种保留）。相反，它被用于有关人际行为期望的更私密或者更含蓄的交流中。

最后一类是"野蛮"论述，它是几个世纪的征服、奴役、帝国主义统治以及目前带有从属性的中心—边缘关系所带来的异化产物。在这一论述的语境下，理性和基督教西班牙的各种意义都与其不大相容。前两者都是"不可同化的相异性"（inassimilable alterity）的来源，这使得这两种论述被所有于自己的语

---

① "曼图阿诺"（Mantuano）指的是委内瑞拉殖民时期西班牙征服者的白人后裔，他们代表着地主和政治精英，对这类话语有着强烈的认同（Carrero，2011）。

言中被隐晦地视为次等,且被强加这些概念于己的人们怨恨(Briceño,2014)。野蛮的论述可以被理解为对于"本土主义渴望的不可能性"的一种反应(Mendoza,2013:16),指的是被殖民主体的两难境地,它们要么被视为非理性,要么被浪漫化。野蛮的论述具有颠覆性和分裂性,它认识到了理性论述和"曼图阿诺"论述中的盲点与悖论,并可能以破坏它们的功能的方式,产生短暂的报复和满足。然而,社会保留的野蛮话语是那些亲密以及互相存在感情的人之间的领域(Briceño,2014:281)。例如,任何试图用这一论述中的说法来表达政治要求的企图,都会使得其他类型的论述取而代之。即使是去殖民主义的方式也可以被视作"以一种自上而下的方式,产生了一种代表本地人群的抽象且浪漫化的形象,并声称为之发声"(Morozov 和 Pavlova,2018:690)。

四 《米诺斯迷宫》中的区域政治

这三种论述可以被描述为现代性的不同含义,而这些含义源自拉丁美洲殖民和后殖民历史中产生的特定历史经验。这里所提到的"语义"(semantics)只是简单的"具有概括性意义的想法与概念",它们使得社会系统了解到,其自身"在运作已变得不透明了"(Jaeger,2010:71)。这些语义与实际发生的操作相关的语义,比如说与灵活的、无确定方向的政治系统相关,可能只是对特定社会结构的正常功能的一种反映。它是一种"自我描述",但也可能影响前者的"实际"运作(Stäheli,1997:138)。第二种过程正是我们所期待的。用不同的术语来说,正如笔者在引言中所提到的,在当代的情况下拉美区域政治可能更多地受到区域内规范的影响，而不是受到结构性或"物质"因素的影响（也可参见 Maldonado 和 López，2017：36）。然而，个体话语不应当被区分为不同阶层的独立"政治行为体"或"专家网络"，尽管国际关系中的规范建构主义往往会倾向于这么做（Schmidt，2017：254）。如上所述，它们更有可能共存于单一行为体的话语中，并被用于不同的场合与不同的听众。相较于以通过其表达从属关系的政治团体来区分话语，这是一种更为复杂的概述。

在这种背景下，布里塞尼奥将这三种话语作为相互关联但彼此矛盾的意义领域概念化了，而不是将其视作社会身份建构的基本独立的可能性。这十分有意思，也许和理解当前以及未来可能的发展有关。因此，这种概念化也背离了更传统的社会拟人化类比（参见 Luhmann，1992）。但在更加结构性的方面，事实并非构成拉丁美洲的个人、组织或国家因社会演变的可能性、具体的政治决策以及其他问题而相互冲突。相反，是这三种话语本身之间互相矛盾，并且在"一场无人胜利的悲剧性战斗中相互寄生与阻碍"（Briceño，2014）。这三种话语在某些情况下也可能会合作，例如当民粹领导人在政治发言中表现出"融合欧洲、西班牙天主教以及原住民心理"的倾向（Nahon-Serfaty，2017：657）。然而，依照布里塞尼奥的观点（2014），这样和谐的情况极少出现。相反，在现代性的语境下，这些话语与它们不可持续的规范要求完全不相容，并且导致了拉丁美洲社会中原始循环动因的出现。这些宏大的理性主义设计大多来源于全球大都市的知识潮流，并最终遇到了由地位驱动的、等级森严的"曼图阿诺"网络具有的复杂性与隐秘关系。由此产生的挫折感煽起了对野蛮话语的怨恨。这种怨恨诞生于现有

第一章 南北美洲关系与拉丁美洲现代性的语义

的矛盾之上,使得社会关系静止在一种状态中,使得社会可以再次接受宏大理性主义的救赎。

以上说法至少表明,美国—拉美关系的研究者们发现了一种发挥作用的周期性动态,并且在这一动态背后,北美似乎并不是完全的支配者。相反,拉丁美洲社会固有的结构有时似乎既会形成对外接触的开放性,也会产生相对前者的、令人费解的"反弹"(Vargas-Alzate,2016:49)。同样,似乎在不同的地区主义规划的相关言论中,都可以看到与布里塞尼奥·格雷罗提出的三种论述中任意一种的相符之处。例如,太平洋联盟(Pacific Alliance)与理性主义中的"普遍现代主义"是一致的。美洲玻利瓦尔联盟(ALBA-TCP)则与具有原始野蛮性的那种对于强加于己的自由主义全球治理的拒绝和怨恨有关。其他的一些规划,如南方共同市场(Mercosur),似乎更符合自由主义全球治理体系以及西方的现代性,但同时也显示出了一种源自"曼图阿诺"思想的非正式权威和等级制度的概念(参见Kleinschmidt和Gallego,2017:14)。最新的一些关于南方共同市场更具体的政策取向的研究,至少部分验证了隐性文化取向在政策制定过程中在发挥重要作用的假设(Peixoto和Perrotta,2018)。同时,这些研究似乎也表明,正如本文所认为的那样,对不同规范标准的制度开放可能会在话语取向不断变化的背景下,有助于区域性机构的生存。

如果说周期性动态诚如上文所述,并且适用于区域层面,那么大概在性别与种族方面的那些看似令人费解、功能失调的对伪传统主义等级秩序的肯定,意味着普遍、理性、新自由主义或者社会民主主义的规划已然走向终结,并且将会日益受到人际性和等级性政治秩序模式的挑战。巴西现任政府的言论充

— 19 —

分证明了这一点（Hunter 和 Power，2019）。将上述论述模型作为一种结果用于分析拉美地区的现状，可以发现该地区当前明显的左右两极分化是一种短暂而表面的现象，实质由理性主义和"曼图阿诺"论述之间内在的互斥所驱动。

尽管以上反思显然不是在尝试用规范来解释现象，但它们至少说明了一种区域性的、相当特殊的意义与规范模式存在的可能性。对于不适应高度具体、连锁、后殖民叙事的外部行为体来说，这些模式造成了相当大的不确定性。虽然一些历史案例中充斥着外部意识形态、经济或权力动因，但在当代的形势下，似乎存在着各种互相竞争的话语的多元世界能够在很大程度上按照自己的意愿行事，并且产生许多人所期待的"区域世界"。然而，这一模式似乎缺乏连贯性，而且与传统国际关系理论相距甚远。这也许会使得许多采用欧洲中心学说的学者感到困惑。这一问题的存在或许可以证明，参考一种迄今在国际关系中未被注意到的区域性文化的理论经典，是不无道理的。

五 结论

如果说前面的假设至少是部分合理的，那么我们可以发现拉丁美洲国家有关共同提供全球公共产品的一些意向，以及其参与提供公共产品的可能方式的相关结论。

首先，参与提供全球公共产品可能更多地与话语动态，而非以全球公共产品预期利益为导向的理性主义标准有关。事实上，这一点应该没有争议，因为当前的主流公共产品理论认为，合法性的标准在政治决策中扮演了关键的角色（Holcombe，2000：282）。

第一章 南北美洲关系与拉丁美洲现代性的语义

其次,作为区域政策制定基础的那些规范的、依赖于文化的标准也许不是静态的,而是可能经历了周期性甚至是自发性的变化。这也是国际关系中有关文化规范的传统理论有时会因拉美区域政治中规范性取向的不连续性而例外。

再次,在分析区域中不同行为体的具体政策时,需要考虑由不同话语形态所合法化的具体取向。换句话说,当理性主义论述在拉丁美洲国家的公共辩论中占主导地位时,人们可能会期望在某种程度上严格遵守政治或经济教条的原则,即使它们可能与预期的理性自利的表达背道而驰。例如,太平洋联盟对于自由主义的强调,有时与自由贸易的再初始化效应(reprimarization effect)造成的有限甚至破坏性的物质影响形成了鲜明的对比(Prieto 和 Betancourt,2014:76f)。然而,当"曼图阿诺"论述占主导地位时,可以预期的是,无论是在讨论应提供哪些公共产品,还是在确定个别国家的贡献时,地位问题都将高度相关。这也许会潜在地导致被视为"高社会等级"的行为者提出的利益更容易被接受,也可能同等级中各行为者的"地位焦虑"而造成冲突的持续(Friedrichs,2016:72)。当然,野蛮话语的突然出现可能会使问题更加复杂化,特别是当某些规范被解读为由北美强加的,而当地应采取叛乱政府的形式来原则性地抵抗的时候。这种抵抗往往将"不治理标榜为一种合法的虚构"(Kingsbury,2013:585)。

最后,拉丁美洲的政治观察者们应当预料到,这些不同的话语将会混合在一起,并在某一时刻突然改变它们之间特殊的相关性。当然,这些动态很难操作化,也很难归类。总的来说,仍然需要对非北美语境下的规范周期和争议进行更多的研究。本文中的讨论至少提供了这样一个假设,即任何企图与拉丁美洲国家就全球公共产品供给达成稳定共识的，都应该准备好应对三个动态的文化因素：第一，强调坚持知识教义的理性论述；第二，更倾向于考虑地位因素的"曼图阿诺"论述；第三，有原则地抵制任何普遍性规范的可能性。

第二章
人文交流：对全球公共产品的贡献

刘永涛

■ 摘要

随着全球化日益扩张和国际发展合作不断深入，有关"人文交流"和"公共产品"话题引起人们的广泛兴趣。突如其来的全球新冠肺炎疫情，促使各国更需要加强团结、携手应对共同威胁和挑战。维护和促进全球公共产品、深化人文交流的需求也变得尤为迫切。从社会建构的角度看，人文交流和公共产品之间存在着联系。如果说全社会中每个人最终都能享受到全球公共产品带来的福利，那么像人文交流这类主体间互动在世界范围内所产生的积极能量，将有助于维护和促进全球公共产品。此外，由这类主体间互动所创造出的集体分享知识、规范和认同，它们构成全球公共产品的不可或缺部分。从这个意义上，人文交流既是全球公共产品的维护者和促进者，也是它的提供者。

■ 关于作者

刘永涛，复旦大学国际问题研究院教授，曾应邀在韩国高丽大学、墨西哥蒙特雷科技大学（瓜达拉哈拉校区）和秘鲁埃森大学授课，出版个人专著《当代美国社会》（2001 年）、《安全政治视角的新拓展》（2002 年）、《美国国会和总统关系》（2010 年）和《话语政治：符号权力和美国对外政策》（2014 年）。

■ 致谢

本文是中国教育部"中美新型大国关系语境下的人文交流研究"项目（编号：19JJDGAT001）的阶段性成果。

一　引言

随着全球化的日益扩张和国际发展合作不断深入，有关"人文交流"和"公共产品"的话题引起人们日益浓厚的兴趣。前者常见于国际社会、跨文化沟通领域的研究里；后者主要见于全球贸易、金融以及环境保护的探究中。突如其来的全球新冠肺炎疫情，分别给国际发展合作和人文交流带来严重冲击和制约。此时，各国更需要加强团结、携手应对共同威胁和挑战。维护和促进全球公共产品、深化人文交流的需求也变得尤为迫切（赵文昌，2020；刘晓黎，2020；秦丹，2020）。

"人文交流"和"公共产品"彼此看似并不相关,但在全球化日益扩张的背景下,它们之间是否实际存在着某种潜在联系?本文尝试从社会建构的视角对其给予适当探究。一个基本假设是,倘若说全社会中每个人最终都能享受到全球公共产品带来的福利,那么,像人文交流这类主体间互动所产生的积极能量,将有助于维护和增进全球公共产品。此外,这类主体间互动还往往创造出集体分享的知识、规范和认同,它们构成全球公共产品的不可或缺部分。从这个意义上,人文交流既是全球公共产品的维护者和促进者,也是它的提供者。

本文首先从社会建构角度理解全球公共产品和人文交流。在此基础上,本文探究人文交流如何起着维护和促进全球公共产品的作用,揭示人文交流本身如何具有提供全球公共产品的功能。最后,本文以国际发展合作中的中拉关系为例给予说明。

二 社会建构主义的视角

任何探究活动离不开一定的视角。不同的视角提出不同的问题、选择不同的分析方法,由此获得不同的答案。在当今国际合作发展领域,人文交流和全球公共产品均为日益引人注目的话题。如何推动它们朝着更加令人期待的方向发展,乃是人们的主要关切。事实上,国际合作发展的未来不仅取决于实际发生的事件,而且取决于人们从何种角度去理解和说明它们。

长期以来(尤其在西方),一种占主导地位的看法是,由于人性的缺陷和情理上的不完美,国际体系在本质上处于无政府状态。国际政治被悲观地描述为国家为了自我生存而彼此争权夺利的场所,国际关系被审慎地视为身居高位政治家的事务

（Kenneth，1979；John，2001）。根据这一看法，对全球公共产品的理解和认识主要基于国家以及它们的外交层面。这是一种以国家为中心的视角，它固然抓住国家作为国际合作发展中的核心行为体，但也面临着"自相矛盾和难题"，因为它过于强调国家以及物质的作用，低估了国际关系中其它行为体的作用，以及这些行为所处的广阔社会文化背景（John，2003；Costas，2013）。现实地看，全球化和数字化正在把世界各个角落联系起来，各国民众之间彼此沟通和交流日趋频繁，形成国际关系中不可忽视的重要力量。在国家外交层面，政府更趋于为本国公民更好地与他国公民开展交流和沟通提供服务。在这种变化情况下，以国家为中心的视角尚不足以充分理解和说明当今世界正在发生的事情。

另一种看法则更多地关注人在创造社会世界中的作用。它是一种社会建构的视角，认为社会关系使人们成为社会行为体；作为社会行为体，人们"从他们的社会关系中创造了全部的世界，而非仅仅一个意义的世界"（Nicholas，1997）。它的一个基本命题是，这个世界从根本上讲还是由社会（而非仅由物质）所构成，社会世界看似理所当然，却是"被创造出来"的，或者说，是经由社会行为体的行为所建构出来的（Fredrick，2001）。它试图超越仅对物质要素给予狭隘关注的藩篱，强调社会世界和人的主体行动之间存在着彼此构成的关系。这种带有本体论的看法引导出这样一种观点，即一定的规范、观念和知识对行为体身份、利益及行为的形成具有意义。

把社会建构的视角引入人文交流和全球公共产品的讨论，主要基于这样的认识：既然行为体的利益、效用以及偏好是一定环境下经由行为体的社会建构而形成，那么，要想理解和说明人文交流和全球公共产品之间的可能联系，有必要把二者放置在一定的社会文化情境中加以考察。正如一位评论者指出，人们参与社会活动，经过一定的社会互动和必要的文化实践，他们"进一步参与活动的动机偏好"被社会建构起来（James，2019）。的确，全球化使得国际关系在行动领域变得更加错综复杂。更多基层的社会行为体开始发挥重要作用，相比之下，传统的权威精英行为体（尤其政体）收缩了它们的行动能力，甚至发生根本的转型。从这个意义上讲，全球化正在把世界变成经济、政治和观念复杂交错的单一空间，人类命运被更加紧密地交织在一起。

三 对所有人都有益的全球公共产品

不同于私人产品或会员服务，公共产品是可供全社会每个成员获得并共同享用的产品或服务。这种产品或服务是不可分割的，也并非仅属某个单一个体所消费，因此往往被认为具有"非排他性"和"非竞争性"特征。公共图书馆（或者公共绿地）乃是公共产品的典型例子。它们一旦落成对外开放，任何人都可以利用它们（非排他性），单个读者或市民对图书馆（或绿地）的资源使用，并不影响其他读者或市民对它们的使用（非竞争性），尽管节假日或周末休息期间可能出现人多拥挤的情形。

公共产品大体可分为国家、区域和全球三个层面。国家公共产品主要由本国政府税收及公共支出来实现供给；区域公共产品则由区域内诸国家共同提供。这两个层面的公共产品并非具有绝对意义的"非排他性"和"非竞争性"，因为它们所提供的诸多利益和福祉分别只有本国国民或区域内国家的国民所享受。

　　随着全球化空前扩张，具有挑战性的全球性问题日益突出，国家和区域层面的难题转化并上升为全球性难题的机会增大。一个国家的政策有可能对其它国家的福祉造成影响，这种影响往往是非排他性的和不可分割的，例如，稳定的全球气候系统可能因某个国家的政策及行为而遭破坏。换言之，确保人民的福祉单凭本国政府提供公共产品是不够的，它还依赖于全球层面的公共产品供给。

　　作为一种新型层面的公共产品，全球公共产品被理解为是一种"为每个人从心所欲生活而提供更好机会的产品"（Séverine & Nicolas，2007）。它所提供的好处应该"覆盖众多国家、诸多民族、乃至未来几代人，在满足当代人需求的同时，不影响未来人们的发展选择"（Inge al，1999）。全球公共产品具备三个基本特征，除了具有一般公共产品所蕴含的非竞争性、非排他性特征之外，它还必须具有其公共产品惠及全球的特征。

　　全球公共产品覆盖范围广泛，大致可分为以下几种类型。一种是天然的全球公共产品，如臭氧层和气候稳定。真正意义上的天然全球公共产品并不多见，稳定的全球气候乃是一个突出的例外，因为地球上所有的人需要清洁的空气和顺应天时的气温，而这些需要的满足乃有赖于所有国家的共同努力。另一种是经济和社会的全球公共产品，如全球经贸合作、金融稳定、防止核扩散、打击跨国恐怖主义和预防大流行病蔓延。还有一种同样重要却鲜为提及的乃是文化的全球公共产品，譬如全球范围内的科学与实践知识、信息、价值、规范以及文化遗产等。一种新知识或新技术（譬如互联网）一旦形成，便会传播到世界各处，使整个人类社会受益（Inge al，1999；Niggol，2006；Séverine & Nicolas，2007）。

一个核心关切是如何确保全球公共产品的供给。成功且有效地提供全球公共产品，这对于增进"整个全球社会"的福祉至关重要，也有助于应对21世纪所面临的全球新挑战（Niggol，2006）。一般地讲，非排他性会带来搭便车的情形。消费者在免费使用他人提供的公共产品同时，可能不愿意为公共产品供给作出自己的贡献。应对公共产品供给不足的传统做法，乃是由一些更高权威或政府提供它们。全球公共产品供给的难题在于，在国际体系中，并不实际存在着比主权国家更高的政治权威或行为体。

在全球公共产品供给方面，大体存在着两种主要模式，霸权供给是一种占主导地位的模式。在（西方）霸权稳定理论倡导者们看来，全球公共产品的供给可由一个全球性霸权国单独承担足矣。但历史表明，没有哪个超级大国能够经久不衰。倘若霸权的成本过于高昂，那么霸权国也将变得难以维持其霸权地位。历史还表明，霸权国制定全球公共产品供给政策时，往往出于首先满足本国利益需求的考虑。这便产生问题：以此种模式提供全球公共产品，难以实现真正的公平分配，因为霸权国通常占有最大份额的好处。不仅如此，此种模式缺乏稳定的全球公共产品供给保障，因为霸权国自身面临着历史性兴衰（Paul，1989）。另一种可能更具吸引力的模式则把重点放在国际（人际）间发展合作，强调"联合提供、集体决策，成本合理分摊，利益共同分享"的共赢逻辑（黄河和戴丽婷，2018）。换言之，全球公共产品供给乃是由所有国家和它们的人民共同努力所承担。在一些评论者看来，"一带一路"倡议乃是这种全球公共产品供给模式的典范之一（刘雪莲和李晓霞，2017；宋效峰，2019）。

另一个核心关切是如何维护和增进全球公共产品。不同文化和身份之间的持续冲突，以及近年来呈上升趋势的反全球化、民粹/民族主义、贸易保护主义等思潮，它们对国际发展合作以及由此带来的全球公共产品构成新威胁。一直以来，全球公共产品的维护和促进主要依赖于"政府间外交"努力，就像全球公共产品的供给也依赖于这种努力一样。不过，随着非政府行为体的努力（譬如人民之间的交往）在全球化进程中不断发挥着重要作用，这种仅依赖"政府间外交"努力的做法有必要加以拓展。其实，在享受全球公共产品福利的同时，各国民众都有意愿为保护和促进自己从中受益的福利而共同努力。从这个意义上讲，全球层面的人文交流应该加以鼓励，为促进全球公共产品作出贡献。

四　人文交流作为全球公共产品的促进者、维护者和供给者

在古代中国，文化和自然有着同等重要的地位。"天人合一"的观念在中国最早的哲学经典《易经》中得到表达。它认为，人可以通过观察自然现象去了解季节的变化，通过探究人类现象去促进社会的发展。在塑造和改变社会生活方面，自然和文化被认为具有同等重要的力量。这是古人对社会学习、技能和文化在形成人类文明和推动历史进步方面独特作用的朴素认识。

人类现象是一个动态的概念，可一般理解为"人类社会的

全部文化现象"。作为生物在成熟过程中逐渐积累起来的知识和经验，文化乃影响着生物的生存和发展，是生物对自然世界或周围环境适应性的体现。它既涉及人类生活的外在方面，如衣食住行，也涉及其内在的心理和精神活动，即由社会和语言建构起来的思想、价值观和规范。世界上固然存在着不同的生活方式和习俗，人们观念和认知也固然各不相同，但是人们的追求通常与那些在文化上被认为是先进的、科学的、优秀的、健康的社会生活相关。

如果说人是万物的中心，那么人与人之间的互动，或者说他们之间的交流，乃是世上全部交流中最具吸引力的一种交流，它的独特之处在于人与人之间心灵上的真诚沟通。古人以为：以利相交，利尽则散；以势相交，势去则倾；唯以心相交，淡泊明志，友不失矣。从现代意义上讲，倡导人与人之间交流乃基于这样一种看法：随着国际关系的参与者扩展至非国家行为体，包括社会中的普通人，以国家为中心的视角难以充分理解和认识当今世界。在一个经济日益全球化、政治更趋民主化、技术和数字更加先进的世界里，国际关系不再被简约地理解为民族-国家之间的关系，而是延伸至包括不同社会、文化、民族、种族乃至部落群体之间的相互联系。

于是，有必要把人的因素重新引入国际关系的考量。人文交流强调人民在国际事务中起着不可忽视的作用，可大致理解为不同国家、不同文明的人群之间跨文化沟通，包括交流甚至分享彼此的观点和体验，以增进相互了解和友谊。通过这种交流所形成的共享知识、规范和观念把各国人民联系在一起，并被视为建立各国良好关系的重要社会基础。从这个意义上讲，人文交流——作为一种集体行动——具有广泛的社会、文化和人文特征。它的一个令人渴望目标乃是增进不同文化背景的人民之间相互了解和信任，通过真诚友好的对话建立起他们之间长期友谊。可以说，人类许多积极的经历和见解，乃是通过人们之间广泛交流而获得的。另一个令人渴望的目标，乃是夯实国际关系中公众舆论的社会基础，辅助化解国家间的潜在冲突，减少甚至防止意外事件对国际关系造成的消极影响。

为了使人文交流——作为一种集体行动——更具有意义，探究它与全球公共产品的可能联系，这既是可取的也是可行的。说它是可取的，在于全社会中每个人都是全球公共产品供应的最终受益者，他们渴望促进和保护对他们有益的东西。正如一些评论者指出，"相似、亲近、共同命运和彼此密切联系，所有这些可以把单个的人聚集起来，使他们结成团体、成为真正的实体"；在应对威胁人类共同命运的全球难题方面，各国"分享着知识、期望和理解，对全球公共产品达成共识"（Juyan & Brecken，2009）。说它是可行的，在于诸如通过人文交流所确立和发展出来的共享规范、原则、集体认同以及相似的世界观，经由社会媒体和其他途径，从社会民众基层逐渐向政府决策高层流动和蔓延，最终影响国家（国际组织）制定并实施有利于保护和促进全球公共产品的政策及战略，确保全球公共产品得到有效分配和管理。从这个意义上讲，人文交流可以充当全球公共产品的维护者和促进者。

集体行动本身乃是一种内在价值和公共产品，反过来，这种内在价值和公共产品也存在于集体行动中，并经由集体行动所创造出来。如果说生产与产品本身是分不开的，那么从产品中受益也意味着参与生产。在一个全球化的世界里，一些传统的国家层面关切，不断转化并上升为全球层面的关切，如环境保护、公共健康、社会正义以及公民美德。为了回应这类关切，各国人民通过彼此交流方式获得分享的规范和价值、共同的语言以及新的知识和信息，所有这些给世界稳定带来好处，形成文化上的全球公共产品。它们和人文交流具有彼此构成的关系。

简言之，人文交流可以对全球公共产品的维护和供给作出贡献。它不仅充当着维护和促进全球公共产品的一种工具，而且其本身构成了全球公共产品一部分，因为它还创造着文化上的全球公共产品。

五 中国与拉丁美洲和加勒比海地区

中国与拉丁美洲和加勒比地区之间在地理上相距遥远，社会制度、文化习俗和自然资源分布也不尽相同。尽管如此，双方有着相似的历史经历和经济社会发展需求，在国际事务中秉持的立场和观点相近。对中国而言，拉丁美洲和加勒比地区是当今国际体系的重要组成部分。

近年来，中拉不断加深彼此友好互利共赢，共同致力于构建利益共享的"命运共同体"（江时学，2018；郭存海，2018）。目前中国已成为拉丁美洲和加勒比海地区第二大贸易伙伴，后者也已成为前者第二大海外投资目的地。双方经济发展显然具有互补性，"合作潜力巨大"（Elda，2017）。例如，为了促进国内社会和经济的可持续发展，中国国内市场对食品、能源、金属和矿产的需求不断增加；以出口为导向的拉美和加勒比地区国家从这些需求中受益，利用对华贸易出口推动自身经济增长和社会发展。

随着"一带一路"倡议逐渐进入拉美，中拉双方致力于深化相互发展合作。在中国进一步扩大对外开放与合作的进程中，拉美和加勒比地区希望在"一带一路"框架内更好地利用全球公共产品，改善本地区基础设施，引进更多国家经济发展所需的投资。2017年，巴拿马率先与中国签署"一带一路"合作谅解备忘录。次年，中拉论坛发表了《一带一路特别声明》，《声明》强调"一带一路"倡议是在经济、贸易、投资、文化和旅游上深化中国与拉美地区合作的重要渠道。从这个意义上讲，作为"全球最受欢迎的公共产品和最具潜力的国际合作平台"，"一带一路"倡议正式延伸至拉丁美洲及加勒比地区，与中国签署合作文件的地区国家不断增加，其中包括加勒比共同体成员国（Lu，2019）。

不过，挑战和潜在的障碍并非不存在。在政治方面，西半球的开放性社会难免不受当今贸易保护主义、政治保守主义以及民粹/民族主义等思潮影响，这些思潮与反全球化情绪交织在一起，在全球范围内强势回归。经过近20年的左翼集体治理的所谓"粉红浪潮"（Pink Tide）之后，拉美的政治生态、经济转型和外交政策再度进入调整阶段。随着中美之间战略竞争及权力政治带来超出预期的影响，地缘政治不确定性因素也随之增多（Sandra，2020）。"中国威胁"、"中国新殖民主义"以及所谓"债务陷阱"之类言论，逐渐从美国向外蔓延并扩散到拉美及加勒比地区。

在经济方面，中国与拉美和加勒比地区国家拥有类似的技术附加值产品和数字产品，也有着以出口导向为主的相似产业结构。此外，可持续发展是一个主要关切。如同世界其他地区一样，该地区面临着既要追求经济快速增长，又要保护环境和自然资源的两难境地。所有这些可能导致出现它们的市场竞争甚至贸易摩擦。

在文化方面，近年来中国和拉美及加勒比地区国家的文化交流固然日益增加，但与金融投资、贸易量和技术设施项目所取得的成就相比，双方对彼此社会价值、信仰、文化以及生活方式方面的相互理解和欣赏仍然不足。

为了解决这些难题——它们对中拉国际发展合作尤其"一带一路"倡议所提供的全球公共产品构成潜在威胁——深化中拉人文交流势在必行。人民之间的友好纽带关系是支撑中拉合作和共建"一带一路"的文化和社会基础。追求和平与繁荣生活是各国人民的共同梦想。通过各种形式的外交活动和文化交流，"一带一路"沿线国家人民将增进相互了解和认同，为推进"一带一路"建设奠定坚实的文化和社会基础。正如一些评论者指出，文化及社会交往是21世纪中拉关系的核心主题之一（程洪和杨悦，2017）。通过文化和学术交流、人力资源和媒体合作、青年和妇女参与等人文交流，该地区全球公共产品可以得到更好地维护和促进。尽管全球新冠肺炎疫情给中拉关系带来新的挑战，但是中国和拉美及加勒比地区仍然保持着密切的交流合作。疫情期间（以及后疫情时代）中拉关系发展，更需要以双方深化人文交流作为助力（张凡，2020）。

中拉人文交流有着提升空间。一是获得更多来自政府的支持，包括提供顶层设计和制度支撑。二是拓宽双方文化交流平台和项目，进一步发展既有的文化交流项目，吸引更多知识分子、社会精英和青年参与其中。三是促进双方文化产品和旅游交流。四是加强双方社交媒体和智库之间的交流，让媒体工作者、专家学者在文化传播中发挥更大的作用。最后，扩大双方高等院校师生之间的学术及教育交流。

六　结束语

综上所述，现在回到本文开始提出的问题，"人文交流"和"公共产品"彼此看似并不相关，它们之间是否实际存在着某种潜在联系？答案是肯定的。本文利用社会建构的视角，从两个方面理解和说明了这种联系。第一，维护和促进全球公共产品并非局限于各国政府的外交努力，而是可以把这种努力扩展至非政府行为体中间。全球性的人文交流实践可以为维护和促进全球公共产品作出积极贡献。人们在享受全球公共产品带来的福祉同时，也可通过像人文交流这类集体行动去维护和促进它们。第二，除了作为维护和促进全球公共产品的工具之外，人文交流也提供着全球公共产品，其产品形式乃是通过社会建构而形成的分享知识、共同价值和集体认同。文化上的全球公共产品存在于人类共同的人文努力中，这种努力反过来也生产出文化上的全球公共产品。

本文以国际合作发展背景下的中拉关系为例，强调人文交流在克服各种复杂挑战、维护和促进中拉共建"一带一路"——作为一种全球公共产品——过程中发挥的积极作用，认为中国与拉美和加勒比地区人民之间的友好沟通和交往，也为文化上的全球公共产品供给做出一定贡献。

国际关系视角

Perspectives on International Relations

FLAUC

第三章

拉丁美洲-加勒比地区是中国国际发展合作的新伙伴

胡安娜·加西亚·杜克（Juana Garcia Duque）

胡安·帕博罗·卡萨迭哥·格瓦拉

（Juan Pablo Casadiego Guevara）

■ 摘要

一直以来，拉丁美洲-加勒比地区（以下简称拉美-加勒比地区）（The Latin America and the Caribbean, LAC）都被视为国际合作和国外援助的主要接受方。拉美-加勒比地区近年来同样将自身定位为南南合作（South-South Cooperation, SSC）不同发展领域中经验丰富的合作方。此外，中国对该地区进行了大量的外国直接投资（Foreign Direct Investment, FDI），作为拉美-加勒比地区的政治行为体和经济供给方发挥了重要作用并且被视为重要的商业伙伴。然而，中拉在国际合作领域的成效并不突出，而且关于这方面的探讨始终很少，在官方发展援助（Official Development Assistance，ODA）方面也是如此。因此，本文作者主张在拉美-加勒比地区与中国之间建立新的关系，以提升两个地区的经济和社会发展。本文发现，除了经济合作关系，中国和拉美-加勒比地区都存在社会不平等、环境退化和贫困等类似问题。因此，本文建议通过加强三角合作（Triangular Cooperation，TrC）和南南合作等手段，创造新的合作机会。本文还建议，在这种新的合作关系之下，中拉应该建立一个包括公共、私人和社会行为体，甚至其他捐助者在内的多方利益相关者网络，并且尽量避免形成传统的捐助方—受助方关系。

■ 关于作者

胡安娜·加西亚·杜克（Juana Garcia Duque）是哈佛大学大卫·洛克菲勒（David Rockefeller）拉丁美洲研究中心的访问学者，同时也是哥伦比亚安第斯大学商学院的副教授。她在国际发展方面的研究领域包括：（1）国际合作和私营部门在和平建设进程中的作用；（2）国际化和新兴经济体的研究。她是和平建设硕士学位学术委员会成员，负责协调大学关于和平领域的若干项目，如和平投资研究。她还一直致力于开发关于新兴市场研究的全新混合课程和慕课课程，探索新的教育方法。

胡安·帕博罗·卡萨迭哥·格瓦拉（Juan Pablo Casadiego Guevara）拥有哥伦比亚安第斯大学管理学学士学位。他有望获得西班牙艾赛德商学院（ESADE）的管理科学研究硕士学位，接下来他将攻读博士学位。他曾在 ESADE 商学院的不同院系担任研究助理，包括经济发展研究中心（CEDE）、管理学院，以及拉美-加勒比可持续发展目标研究中心。2018年夏胡安·帕博罗曾在康奈尔大学新兴市场研究所担任研究助理。他的研究范围包括：（1）可持续管理；（2）新兴市场；（3）再生企业；（4）和平建设。

一 概述

当今中国，政治和经济改革已经向世界证明，其不仅能够实现经济繁荣，而且有能力与国际社会合作，共同实现其他发展中国家的成功。从1978年到2010年，中国的国内生产总值年增长率为10%，成功地将贫困率从80%降低到10%；自2008年国际金融危机以来，中国已成为世界第二大经济体，也是对世界经济增长贡献最大的经济体（World Bank，2019）。虽然中国现在是国际合作的最大援助国之一，但并没有被拉美-加勒比地区的国家看作重要的援助国，因为拉美国家在具体发展领域的受益国很少。

由于一些传统援助国宣布减少甚至削减拉美-加勒比地区的支付预算，预计这一地区会出现国际合作和发展援助的新局面。例如，截至2019年5月，瑞士国家经济事务秘书处（State Secretariat for Economic Affairs of Switzerland-SECO）提出了一项包含若干改革项目的新战略合作计划。瑞士发展合作署（Swiss Development Cooperation，SDC）会把目前接受援助的国家数量从46个减少到34个，不再接受援助的国家中有5个处于拉美-加勒比地区①（SECO，

---

① 玻利维亚、古巴、海地、洪都拉斯和尼加拉瓜是拉美-加勒比地区停止接受财政援助的候选国。这项计划的改革之一是与四个地区进行双边合作：北非和中东；撒哈拉以南非洲；中亚、南亚和东南亚；东欧。

2019）。为了根据联合国可持续发展目标（UN Sustainable Development Goals，SDGs）解决迁徙、和平及贫困问题，瑞士提出了一种新的合作逻辑（Ferrari，2019）。这种合作逻辑的提出为中国融入拉美地区提供了一个机遇：除传统的贸易和投资联系外，中国还可以通过多种方式向更多的拉美国家及其国内经济部门提供帮助。

在2014年至2016年的商品价格危机之后，拉美-加勒比地区的经济和金融状况呈现出稳定增长。得益于更好的全球环境，该地区有大量可提供的物资，特别是其丰富的自然资源和能源储备，中国恰好可以从中受益（Scotiabank，2018）。一方面，拉美-加勒比地区拥有极其丰富的自然资源，包括世界上30%的淡水、40%的物种和50%的热带森林，对环境保护和可持续发展起到了重大作用（IDB，2014）；另一方面，其他估算数据显示，该地区拥有20%的全球已探明石油储量，4%的天然气储量（EIA，2014），以及其他重要矿产，如锂（61%）、铜（39%）和银（32%）（ECLAC，2018）。面对国际上对原材料的高需求，这既会是拉美-加勒比地区的经济优势，也是其关心和妥善治理公共产品和环境的责任（UN Environment，2018）。即便具备以资源为基础的经济优势，拉美-加勒比地区仍有许多需要解决的社会挑战。联合国拉丁美洲和加勒比经济委员会下的社会全景委员会（ECLAC Social Panorama Commission）透露，在该地区，有29.6%的人口生活在贫困中，有10%的人口生活在极端贫困之中（ECLAC，2019）。

根据上文对中国与拉美-加勒比地区之间经济合作背景的简要描述，这两个地区之间建立关系的优势包括贸易和外国直接投资（FDI），以及建立合作关系以促进彼此社会和经济发展的良机。然而，没有明确的迹象表明如何才能让中国和拉美加勒比地区成功地参与其中。双边关系应该如何运作？中国在与拉美-加勒比地区的合作能学到什么？而拉美-加勒比地区怎样才能从这种合作中受益？

不过，这些问题的复杂性并没有加深不确定性，而是促使我们更客观地探讨中国在国际合作中的相关性、责任和机会。本文尝试简要回顾中国在拉美-加勒比地区的贸易、外国投资和对外援助历史。本文还会探讨拉美-加勒比地区的南南合作和三角合作全景，以及该地区对中国的重要性。在此基础上，基于经验和理论证据的概念框架，提出中国与拉美-加勒比地区采取南南合作和三角合作的优势。作为一个战略伙伴，中国应该与其他拉美和加勒比地区新兴发展中国家实施这些横向合作战略，把本地区的挑战转化为共同的增长机遇。

二 中国的援助：简要的历史视角

中国的第一次援助始于20世纪50年代。那时，中国首先向朝鲜提供了援助。同一时期，在1955年于印度尼西亚举办的亚非会议上，中国加强了与非洲国家的经济合作和外交关系。中国首次采用的合作手段包括人道主义援助、慈善捐赠和无息贷款（Dirlik，2015）。中国与拉丁美洲的合作关系则更晚一些，因为除古巴之外，中国与拉丁美洲存在一定的意识形态差异，这阻碍了早期的合作行动。中国直到20世纪70年代才与拉美-加勒比地区建立了联系，为双方在农业和纺织等领域的合作与发展提供无息贷款。

第二个重要的合作阶段伴随着"改革开放"政策而到来，中国引入了以市场为导向的原则。与此同时，在20世纪80年代，拉美地区开始进入全球市场，中国加强了与该地区几个国家的双边关系。然而，鉴于中国在全球范围内经济的快速发展，中国的援助政策也开始朝着新的方向发展，更为重视20世纪90年代以来全球化带来的新利益。除无息贷款和捐赠外，中国还构想了资助发展中国家的新概念和新方法，包括提供贴息优惠贷款和成立合资企业。

第三个国际合作时代或阶段发生在21世纪初。中国在那时加入了世界贸易组织（WTO），中国的银行和公司开始向国际化发展并对外投资项目。鉴于中国进出口银行和中国开发银行等国家政策性银行提供基础设施、电厂和战略贷款投资，中国的援助显然与经济和投资活动有关（Lakatos et al., 2016）。

除了文化、安全和发展方面的援助，中国与拉丁美洲的双边关系主要集中于商业领域。自千禧年以来，中拉商业关系得到了发展，到2014年，中国对拉丁美洲的出口额每年增长27%（ECLAC, 2018）。同样，由于双方领导人之间的政治和解，人道主义援助和发展援助方面的国际合作关系也已提上日程。就发展援助而言，中国不属于经济合作与发展组织（Organisation for Economic Co-operation and Development, OECD）的传统援助国，因此其合作政策没有遵循发展援助委员会（Development Assistance Committee, DAC）的烦琐规定和详细准则。此外，由于缺乏关于国际援助的信息，很难对中国的援助进行更详细的分析，例如，中国的援助哪些是官方发展援助，哪些则不是。

三 中国与拉丁美洲的国际合作

21世纪初，中国向拉美-加勒比地区提供的援助，特别是发展援助有所增加。根据中国国务院和援助数据（美国威廉-玛丽学院的一所援助数据实验室）的资料，从2000年至2014年，中国对拉美-加勒比地区的援助份额从总预算的5%上升到20%（World Bank，2017）。主要包括以下领域的援助：（1）人道主义援助；（2）免费物资援助；（3）优惠贷款；（4）基础设施建设；（5）职业培训方案；（6）对拉美-加勒比地区当地组织的财政支持。

因此，中国所提供的援助是多种多样的，并且满足了不同的需求。最近公布的一项研究表明，中国的援助与投资密切相关，并未遵循经合组织开放援助委员会（DAC-OECD）确定的官方发展援助原则。援助数据实验室开展了一项研究，在超过138个国家中统计了2000年至2014年间的4000个中国资助项目的信息。除说明了官方发展援助资金的特征外，这项研究还确定了另外两种援助类别：赠款部分低于25%的其他官方资金（Other Official Finance，OOF）和条款不详的不明确官方资金。结果显示，官方发展援助仅占总量的23%，在前十位受援国中有七个非洲国家。排名首位的是古巴，其获得的官方发展援助约为67亿美元。至于其他官方资金，俄罗斯是首个受援国，排名第五位的委内瑞拉收到的援助为108亿美元，厄瓜多尔和巴西分别排在第七位和第八位，收到的援助分别为97亿美元和85亿美元（Dreher et al.，2017）。

从部门和行业来看，官方发展援助的资金主要流向以下项目：运输和仓储项目占 28%，其他项目占 27%，债务相关活动占 15%，工业、矿业、建筑业占 5%；其他官方资金类别则表现出强烈的倾向性的援助：分配给能源和供应部门的资金占 51%，运输和仓储部门占 17%，工业、矿业和建筑业部门占 13%（Dreher et al.，2017）。就中国援助的影响而言，研究表明，中国援助对经济增长的影响与美国和经合组织开放援助委员会等其他援助者的影响类似。

四 中国对拉丁美洲的直接投资

无论中国对拉美地区的发展援助是否符合经合组织的援助标准，对这些援助资金进行分析，将便于我们探究中拉的合作趋势和确定双方之间的利益所在。外国直接投资是最重要的商业联系之一。根据美洲开发银行（Inter-American Development Bank）和波士顿大学全球发展政策研究中心（Global Development Policy，GDP）"全球中国倡议"的估值，自中国银行 2005 年开始在该地区提供贷款以来，中国对拉美–加勒比地区的投融资业务已达 1400 亿美元（Gallagher and Myers，2017）。中国开发银行和中国进出口银行这两家主要银行几乎提供了全部贷款，后者在 2005—2016 年负责贷款的总额占到 80%（ECLAC，2018）。

中国的大部分资金投向了自然资源丰富的国家，尤其是油气资源丰富的国家。2010 年至 2014 年间，外国直接投资总额中约 90% 的中国对拉投资流向了天然资源产业（Ludeña，2017）。与这一活动相关的是开采和运输基础设施的改善，因为用于这些基础设施改造的资金分配已超过了总额的 50%。截至 2017

年，投资额第二高的部门是能源生产和分配部门，占总投资额的30%，其次是矿业（8%）和其他混合项目（ECLAC，2018）。就在该地区投资的公司类型而言，从2000年到2017年，投资总额中有74.5%来自上市公司（Peters，2018）。

中国对所有拉美国家的投资并不均等，因为大多数投资主要针对以下类型的国家：（1）拥有丰富的油气资源和能源储备；（2）GDP与该地区其他国家相比相对较高；（3）难以从国际金融机构获得融资。2005年至2016年间，资金总额的约93%分配给了委内瑞拉（44%）、巴西（26%）、厄瓜多尔（12%）和阿根廷（11%），这些国家在获得其他资金来源和投资方面都较为困难（ECLAC，2018）。

除信贷额度外，中国政府还提出了一项针对拉美-加勒比地区国家的信贷支付工具，可以用石油来换取贷款。通过这一被称为"石油换贷款"的项目，中拉双方协商同意在部分贷款中以供应能源的形式替代50%的还款额。自2008年以来，委内瑞拉在6笔贷款中使用了这一工具，金额为440亿美元。自2009年以来，巴西（1笔贷款）和厄瓜多尔（4笔贷款）分别换取了100亿美元和50亿美元（ECLAC，2018）。

五 "一带一路"倡议与拉丁美洲

"一带一路"倡议（The Belt and Road Initiative，BRI）是中国政府在2013年宣布的基础设施和能源项目，涉及1万亿美元以上的投资以及政府、多边组织和发展计划的参与。这个跨大陆的倡议旨在缩小一条连接从东南亚到中亚、海湾、非洲和东欧各国，途经65个国家重要贸易路线的差距。这条路线的重要之处在于连通性和经济意义，它将涉及全球 GDP 的 30%，世界人口的 60% 和已知能源储量的 70%（World Bank，2018）。

同样，这条路线将要穿过的几条走廊地带已经确定，其中最广为人知的两条走廊是"一带一路"倡议中的"带"和"路"。"带"是指最初通过铁路穿过中亚的部分陆地，而"路"则暗指连接东南亚与非洲和欧洲的海运路线（Belt and Road Portal，2019）。要对该项目进行投资的主要金融实体是中国国有银行——中国国家开发银行和中国进出口银行（Hurley et al.，2018）。此外，世界银行和国际货币基金组织（International Monetary Fund，IMF）等其他多边组织也表示有兴趣详细分析此项目的社会、政治和环境影响。世界银行出台了几份工作文件，作为对此大型项目影响进行决策和提高影响的工具。

此外，国际货币基金组织总裁拉加德（Christine Lagarde）出席了 2019 年 4 月举行的第二届"一带一路"国际合作高峰论坛，她在论坛上强调了资本调动和金融普惠作为战略要素的重要性以及在可持续发展框架内对其进行评价的重要性（Lagarde，2019）。联合国秘书长古特雷斯（Guterres）先生也参加了这次论坛，他承诺联合国及联合国国家工作队将支持"一带一路"倡议，因为这项工作将与可持续发展目标（Sustainable Development Goals，SDGs）相联系。他还指出了将以化石燃料为基础的经济转变为绿色经济的必要性，以及中国在这方面的进展（UN News，2019）。

在最近发布的关于中拉关系白皮书中，没有提到或考虑将该地区纳入"一带一路"倡议。而在 2017 年于北京举办的首届"一带一路"国际合作高峰论坛期间，阿根廷总统建议将该项目的海上部分延伸至美洲（Ratigan and Corrales，2018）。2018 年 1

月，拉美和加勒比国家共同体和中国领导人在智利举行第二次部长级会议，与会者签署了《"一带一路"特别声明》，邀请各方参与"一带一路"建设。在双边方面，双方已经签署了谅解备忘录，巴拿马在 2017 年成为第一个签署该协议的国家。同样，随后，又有 14 个拉美-加勒比地区国家签署了此协议，最后一个是于 2018 年 12 月签署协议的厄瓜多尔（Dreyer，2019）。在欧洲国家中，意大利是七国集团成员中第一个签署此谅解备忘录的国家。

在拉丁美洲国家中，尽管智利和巴拿马都没有从中国获得最多的投资或贷款，但它们已被列为该倡议的备选国家。与这两个拉美-加勒比地区国家及中国相关的一个重要问题是巴拿马运河的运用，中国是除美国外，在巴拿马运河通航次数最多的国家。智利是中国的重要商业伙伴，是首个与亚洲国家签署自由贸易协定的拉美-加勒比地区国家，中国与智利签署的这份自由贸易协定已于 2019 年获得批准。在投资方面，中国最近宣布了一项从中国到智利的越洋光缆建设项目，该项目将与华为通信公司合作（BNamericas，2017）。

除了这些重要的关系和经济要素，正如前文所述，巴拿马是拉美-加勒比地区首个签署双边协议支持"一带一路"倡议的国家。虽然巴拿马与中国并没有任何自由贸易协定，但自签署双边协议以来，在贸易、基础设施、银行、旅游、教育和引渡方面共签署了 19 项合作文书（Moreno，2018），这表明中国与拉美外交和经济关系都有所加强。在 2018 年智利外长访华期间，智利还签署了《共建"一带一路"合作谅解备忘录》。此外，两国的重要战略地理位置有利于亚洲与拉丁美洲的互联互通。

明显的是，"一带一路"倡议不仅使这两个国家达成了协议。"一带一路"倡议的提出是为了在所有南美洲和中美洲国家产生影响。农业是该项目最大的受益行业之一，因为中国必须用产自美洲的产品来满足其巨大的粮食需求。美洲开发银行曾表示，处于较低水平的竞争力、技术优势和一些植物检疫措施，以及较高的关税，阻碍了拉美地区的产品成功进入中国市场（Gonzales，2017）。但"一带一路"倡议提供了动力来打破双方壁垒。

六 拉美-加勒比地区的南南合作和三角合作

南南合作（SSC）是一个用来描述发展援助战略的术语，此战略是指大多数处于南半球的发展中国家，通过分享和传播基于经验和优势的知识，在经济、政治、社会、环境、文化和技术方面相互合作（UNOSSC，2016）。拉丁美洲不仅在该区域内，而且在与世界其他国家的合作中运用并发展了这种合作方式，因此被认为是积极的行动者。鉴于拉美-加勒比地区经济格局的变化，传统的南北合作逻辑已经发生了变化，激发了南南合作倡议的动机。几十年前，拉美-加勒比地区大多数国家被列为最不发达国家，而今天，大多数国家已经"升级"成为中等收入国家，仅根据收入水平，很难相信它们在经合组织（OECD）开放援助委员会（PCA）标准下是受援国的角色。此外，拉美-加勒比地区还试图通过采用南南合作和三角合作（TrC）致力于解决其他重要的多维问题（例如不平等和可持续性），但没有得到解决（SEGIB，2018）。

2016年，伊比利亚-美洲总秘书处（Ibero-American General

Secretariat，SEGIB）研究了19个拉美国家的双边南南合作、三角合作和区域南南合作承诺，对1355项举措进行了分析和描述。本文分析了此研究中有价值的结果和数据，以提出一个系统的方法，使中国能够通过南南合作和三角合作与拉美-加勒比地区达成更多的接洽。首先，关系性和行业性分析揭示了拉美-加勒比地区南南合作的部分特征，以及中国成为南南合作供给方的机会。其次，本文展示了中国应该如何通过提升南南合作渠道，在三角合作中起到更积极的作用。最后，本文强调了中国和拉美-加勒比地区通过上述方式实现一体化的重要性，以实现2030年可持续发展目标。

伊比利亚-美洲双边南南合作

本文发现一个非常有趣的现象，在19个国家中，南南合作的全部项目及其行动约有95%的提供方集中在9个国家。其中有3个国家是高收入国家：阿根廷、智利和乌拉圭；另外6个国家是中高收入国家：墨西哥、古巴、哥伦比亚、哥斯达黎加、巴西和厄瓜多尔[1]。一项研究通过翔实的数据分析揭示了两种相关性。首先，一些国家经济发展程度较高（以国民总收入计），人口也较多（Figliuoli，2018）。其中包括巴西、哥伦比亚、阿根廷和墨西哥等新兴经济体，这些国家为双边南南合作项目提供了大部分资金（SEGIB，2018）。这有力地说明了一个事实，

---

[1] 根据世界银行的标准，截至2018年7月1日，对该报告的19个研究对象国家进行了分类（按照人均国民总收入分类）。将其分为中低收入（人均国民总收入在996美元至3895美元之间）、中高收入（3896美元至12055美元之间）和高收入（超过12055美元）。

南南合作的主要供给方为倡议的实施提供了更多的经济资源（SEGIB，2018）。其还显示出了所谓"新兴援助国"（Emerging Donors）作为主要合作供给方所起到的积极作用，中国已经达到了这一地位。其次，如前文所述，阿根廷、巴西和厄瓜多尔是该地区从中国获得资金和财政援助最多的国家。拉美-加勒比地区的南南合作参与国也是中国的投资伙伴，它们之间的关系将在后文中为本文提出的合作框架提供启发。

与拉美-加勒比地区和其他地区之间的南南合作方案总数相比，亚洲与拉美-加勒比地区的双边南南合作关系方案总数仍然较低（22%）。此外，在2016年，除了全亚洲的59个项目，中国仅作为供给方参与了三个双边南南合作项目（SEGIB，2018）。

就拉美-加勒比地区双边项目（680个）的概况而言，这些项目确定了五个主要发展层面：社会（38%）、经济和生产（33%）、体制强化（15%）、环境和其他多部门（共为14%）。本文想通过这些数据强调的是，这一地区通过经验和知识展示了在改善社会和经济方面的努力。社会层面的重要发展领域包括健康、教育、卫生和供水。在经济方面，也对15个不同行业（天然资源产业、农业、建筑、商业等）的领域进行了分类。同时，其他国家通过提供基础设施和服务来确保经济活动的平稳运行（交通、能源、通信、就业、技术）（SEGIB，2018）。

所有这些部门和行动领域都是大多数最不发达国家和中等收入国家发展议程的一部分。中国已经显现出了如何在其中几个领域（尤其是在经济领域）取得进步的专业知识。因此，这些经济领域是应该共享的发展合作领域，应利用其探索中国和拉美-加勒比地区之间双向交流的可能性。在这些优势中，中国在社会和经济方面提供了具有竞争力和影响力的设施以及来自受援国和捐助国经验的知识转移。

关于三角合作

在三角合作方面，三角合作的项目和行动已经从2006年的60个大大增加到2016年的137个。2018年，19个拉美-加勒比地区国家中有11个国家作为第一供给方参与了三角合作项目，巴西和智利各有19个项目，占总数的38%。作为第二供给方，德国和西班牙脱颖而出，分别参与了25个和20个项目，其次是卢森堡和美国，分别参与了11个和10个项目（占总数的1/4）（SEGIB，2018）。然而，第二供给方不仅仅是传统的南北合作援助方，还是联合国及其项目等国际多边组织的捐助方。明显促进了拉美-加勒比地区三角合作互动的动力有：（1）作为第一供给方和受援国的灵活性和适应性；（2）与发达国家和发展中国家以及国际组织使用这种合作模式的能力。

中国一直是三角合作中的重要参与者，尤其是在尼泊尔、柬埔寨和孟加拉国等亚洲国家。虽然中国对这种合作模式在很久以前（在非洲国家之间）就进行了调整，但直到2010年，中国才开始作为第二合作伙伴在联合国项目上进行合作（UNDP，2016）。自那时以来，中国对强化这一模式表现出了兴趣，这也有助于实现2030年的目标。为了扩大其范围并有效实现这些目标，中国应利用两个优势。首先，中国作为受援国通过三角合作从其他援助国那里获得了宝贵的知识，特别是日本。日本以前引导和使用的发展援助方式对于其他受援国（主要是那些体制化程度较低的国家）来说是一种启示。其次，中国工业和经济能力的多样化使其成为推动发展的战略伙伴。中国显然可以在三角合作中发挥经济援助国的作用，但它也可以成为一个关键国家，贡献其知识来帮助受援国应对工业和发展方面的挑战。

七 整合南南合作和三角合作：拉美-加勒比地区与中国的新视角

国际合作是一个复杂而广泛的研究领域，决策者和学术界都需要采取关键而准确的方法进行研究。本文对中国与拉美-加勒比地区之间关系的讨论，不仅是从国外援助的角度出发，还考虑到了它们的经济联系。在数据解释和定性方法的基础之上，本文创建了一个由两个分析层次组成的概念框架，这两个层次的分析与未来的中拉南南合作和三角合作战略相关。第一个层次是南南合作与三角合作所涉及的"关系"方面，因为中国的快速发展，意味着中国需要建立新的发展伙伴关系。第二个层次被称为"合作领域"，提出了两个地区可以在互利共赢、互相学习的关系中共同努力，共同创造发展举措的不同领域。

除了关系和合作维度，本文还探讨了合作机制，并提供了一份图表来评估中拉南南合作和三角合作的相关互动。基于以往的经验和其他合作项目的教训，本文研究了一个互动的生态系统，一方面揭示了通过南南合作可获得各种各样参与机会，另一方面，显示了中国将如何在与拉美-加勒比地区的三角合作中发挥重要作用，以及这一机制如何成为南南合作升级的催化剂。

作为合作工具的关系纽带

正如本文之前已经讨论过的，南南合作和三角合作中的伙伴关系应该通过追求双边或多边目标来建立。已确定的关系方

第三章　拉丁美洲-加勒比地区是中国国际发展合作的新伙伴

法有四种,将在下文进行简要描述。图 3.1 显示了维度和行动的完整集合。

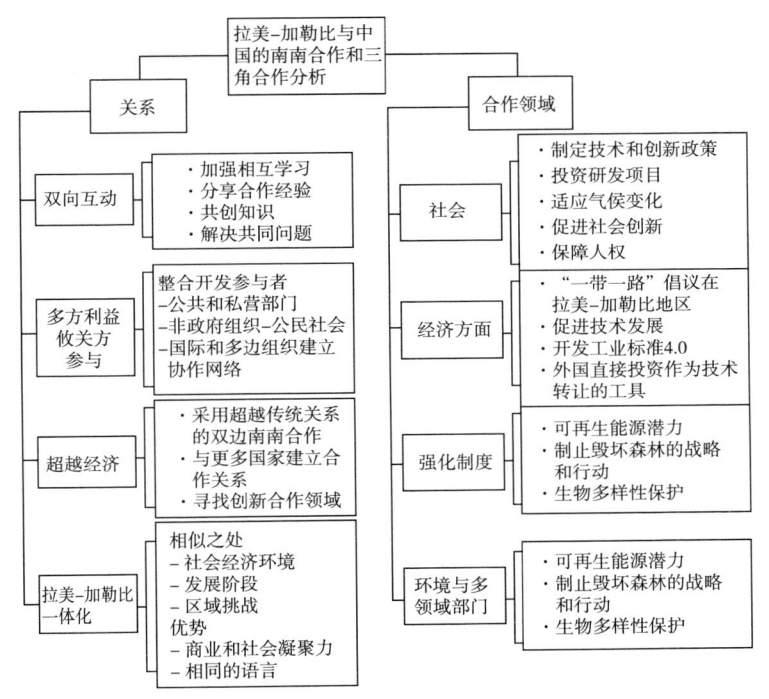

**图 3.1　两个维度下的中拉地区南南合作和三角合作分析:
合作关系方面和合作领域**①

1. 双向互动表明,合作是互惠的,通过合作可以互补或解决共同的发展和社会问题,在这方面,学习可以而且应该双向

---

① 关系方面是基于对不同方面的分析,如与拉丁美洲的关系历史、国际合作的特点,既有理论上的,也有 SEGIB 报告的证明。合作领域的层面是文章分析的一些实证结果,并与 ECLAC 2018 年《探索中拉合作新形式》报告的成果相补充。

进行，因为拉美-加勒比地区也有重要的能力、技能和知识可以分享。

2. 多方利益相关者参与调动资源和运用能力以形成有效的合作援助，多方利益相关者的参与是一个至关重要的关键因素。在此，本文强调支持可持续发展目标 17 项倡议的重要性。

3. 超越经济联系。如上文所示，中国与该地区的关系一直集中在贸易和投资上。虽然不应放弃经济机会，但也可以转移其他资源和技能，并与不同的发展层面相联系。

4. 最后，如 SEGIB 报告所示，拉美-加勒比地区的一体化整合了历史、文化和经济背景。该地区已经建立了完整的合作网络。中国应该利用和学习该地区采取的创新举措，以及整个地区的邻近性、经济一体化、共同标准和类似的社会经济阶段。

合作机制生态系统

为了对前文中拉地区合作的分析和"路线图"进行补充，本文认为应该着重强调这种关系可能产生的合作机制。本文创建了一个图表，说明了五种合作形式及其一些优势。这些都是基于汇编和实证分析的基础上形成的。

1. 南南合作是发展中国家及其新兴合作伙伴之间最标准的合作，这种关系可以是双边互动或区域互动（UNDP，2016）。本文认为，区域合作对中国来说可能具有优势，因为它可以通过同时向几个国家提供援助来提高效率（许多国家面临类似的挑战）。

2. 协助衍生和转移。一旦中国与一个国家或地区（国家集团）合作，可以将知识、经验、技能等转移给其他合作伙伴。这表明了这种合作机制在区域内复制的可能性，并且这种合作机制在没有语言等障碍的情况下可能更加有效。

3. 协作支持。允许第三方参与，整合发展中国家知识的双边技术合作项目可以提供中国没有竞争优势的领域。然而，中国仍将是主要援助方，其他提供支持的相关参与国仍是战略伙伴。

4. 三角合作是一种传统模式，由发达国家多边组织作为第一供给方参与，然后起关键作用的是第二供给方（中国或拉美地区国家）。后者通常分享知识、专长和资源等内容。第三参与方则是主要的受援助国。

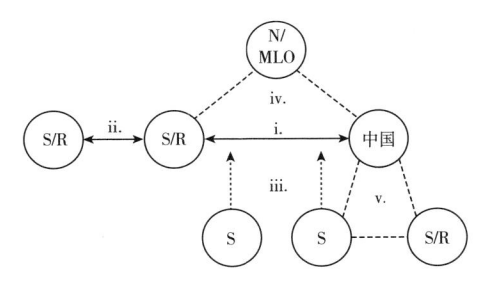

图 3.2　中拉地区可以通过六种机制建立南南合作和三角合作①

5. 三角合作是一种在发展中国家之间合作的一种机制，同样适用于发达国家和发展中国家。鉴于上述作为新兴援助国的优势，中国可以充当主要供给方。中国作为受援国也可以从这

---

① 该图由作者制作。这些信息来自所查阅的两份文件的贡献和汇编。其中之一是经合组织的文件《三角合作：文献告诉了我们什么？》（2013），另一份是《日本的三角合作机制》，作者是 JICA 研究所的 Shu-nichiro Honda（2014）。字母"S"代表发展中国家，"R"代表整个地区，"N"代表发达国家，"MLO"代表任何多边组织。

一援助机制中受益并借鉴经验。正如本文之前讨论的，这种模式可以通过允许双边援助"扩大规模"来强化双边援助并使其更加有效（Hosono，2018）。

八 结论

当人们在探讨国际合作时，需要一种涵盖了政治、经济及其他层面的整体视野。研究的复杂性要求我们制定出能够补充和培养其理解能力和未来方向的方法和途径。这就是本文学术成果所代表的主题。在此，本文根据合理且有意义的因素，对中国与拉美-加勒比地区的合作关系进行了概述，着重进行总结。

这两个地区之间的现有关系还处于初始阶段，本文发现的一些特征表明这一合作关系缺乏适用范围和跨学科性。贸易和经济活动是中国与拉美-加勒比地区的主要纽带。尽管美国仍然是该地区大多数国家，诸如智利、秘鲁和巴西的最大贸易伙伴，但中国在对拉美-加勒比地区的进出口额中是处于第一位（出口占9%，进口占18%）。然而，由于拉美-加勒比地区的出口主要来自农业、采矿和石油部门，所交换的服务和产品类型并不多样化（ECLAC，2018）。这是当前商业关系中存在巨大差距的原因之一。

此外，中国自2008年国际金融危机期间成为该地区最大债权国以来，融资是另一个重要的关系因素。同样，资金流动和外国直接投资主要集中在三个行业（约占总量的90%），即基础设施、能源和采矿，这表明对所供应商品是感兴趣的。虽然本文认为这不是一个不利条件，但它应被视为一个促进多样化和同其他部门及行业联系的机会。同样，鉴于在贸易中发现的这些情况，外国直接投资的新关系形式必须寻求系统地解决不同发展领域的问题。一方面，这与该地区建立更多的合作伙伴（如上文所述，委内瑞拉、巴西、厄瓜多尔和阿根廷是中国的主要资金接受国）密切相关；另一方面，在不放弃双赢关系的情况下，能够共同创造超越经济利益的合作倡议。

本文的结论之一是，中国面向拉美-加勒比地区进行发展援助的国际合作尚不明确。这就是为什么本文认为要采用一种有效的现有合作机制，如南南合作和三角合作。通过选择更积极地通过这些手段开展合作，中国可以借鉴拉美-加勒比地区在这些合作战略的设计、方法、范围和实施方面的经验。同样，中国向该区域提供的援助可以很容易地传播和复制，因为拉美-加勒比地区的发展阶段也有相似之处。就合作领域而言，本文发现援助可以是相互的（致力于相同的发展挑战）并建立伙伴关系。此外，当一方因拥有竞争优势和更大能力而帮助另一方时，互补更像是一种南北合作模式。

拉美-加勒比地区的国际合作前景也不确定，因为传统援助国正在重新思考它们在该区域的援助作用。本文可以以瑞士发展合作署宣布的发展议程提案为例，该提案表明，该地区各国将停止接受援助。这些情景为其他捐助者和援助机制铺平了道路，可以使中国能够利用这一点，更积极地参与其中。这同样与拉美-加勒比地区已经从最不发达国家"升级"为中等收入国家的国家合作新方向讨论密切相关。因此，拉美-加勒比地区国家的合作正在经历一个过渡期，这可能意味着中国、印度、巴西、土耳其等新兴援助国以革命性和创新的方式领导和共同创造新的发展倡议，打造新的开端。

第四章

中拉合作新阶段："一带一路"倡议对未来道路的影响

朱莉安娜·冈萨雷斯·豪雷吉（Juliana González Jáuregui）

■ 摘要

通过实施"走出去"政策，中国的国际影响力自20世纪90年代以来实现了大幅提升，中国也顺势推动中拉关系走入新纪元。近年来，中国已成为拉美的重要贸易伙伴，并且是多数地区国家的主要投资国和贷款来源国。为进一步加强中拉合作，中国先后在中国—拉共体论坛两届部长级会议上同与会国家达成了《中国与拉美和加勒比国家合作规划（2015—2019）》和《中国与拉共体成员国优先领域合作共同行动计划（2019—2021）》等具体的区域贸易及投融资战略合作文件。同时，中拉已建立起"1+3+6"合作框架和产能合作"3×3"新模式，为深化中拉务实合作和发展中拉友好关系指明了方向。

鉴于上述双边合作中的新突破,本文分析了中拉新的贸易、投资和金融关系中的关键进展,以期考察其在促进新时期中拉合作和塑造拉美未来发展轨迹中所扮演的角色。本文将呈现中拉双边合作新纪元的总体态势,并在此基础上重点探讨"一带一路"倡议对拉美地区的影响。

■ 关于作者

朱莉安娜·冈萨雷斯·豪雷吉(Juliana González Jáuregui)于 2007 年获国际关系专业学士学位,2012 年获阿根廷拉美社会科学院国际关系专业和阿根廷圣安德烈斯大学谈判学专业硕士学位,2017 年以优异成绩获阿根廷拉美社会科学院社会科学专业博士学位。曾任阿根廷国家科学与技术研究理事会博士研究员,先后于 2012 年、2014 年及 2018 年赴复旦大学、智利天主教大学及美国布朗大学参与博士培养项目。2018 年,她通过遴选成为中共中央对外联络部当代世界研究中心"一带一路"倡议访问学者项目代表团成员,赴北京、上海和张家界进行考察学习。2019 年,她由复旦-拉美大学联盟选派,参与了上海论坛"中拉关系"专家小组讨论。

目前,朱莉安娜·冈萨雷斯·豪雷吉担任阿根廷拉美社会科学院研究员,兼任国际关系专业中国研究方向系主任及中国问题硕士研讨会教授。同时,她在阿根廷天主教大学和库约国立大学等高校任中国研讨会讲师。

一　前言

改革开放40年来，中国的经济增长率显著提升，2011年前保持年均增幅10%，此后在6%—7%平稳波动。依托前所未有的经济发展大势，中国在2009年升至全球第二大经济体，并成了美国国债的主要持有国、世界主要的工业品生产国及全球经贸联系最为广泛的进出口大国。[1] 根据联合国贸易和发展大会（United Nations Conference on Trade and Development，UNCTAD）2014年公布的统计数据，中国是目前全球第二大直接资本流入国和第三大直接投资来源国。[2]

中国拥有全世界最庞大的人口规模，因此，20世纪末中国经济不断发展，对燃料、能源、食品等基础产品的需求也在不断增加，以求同时满足人民生活和工业发展的需求。到了21世纪初，伴随经济体量和内部需求的进一步提升，中国亟须对外寻找新的稳定供应源。中国于1999年出台了"走出去"政策（Going Global Policy），并于2001年正式实施。这一政策的推出对于提升中国在全球市场的影响力及深化对外开放进程起到了至关重要的作用。此后，拥有优越资源禀赋的非洲和拉美国家

---

[1] 2008年国际金融危机爆发后，全球经济增速放缓，中国政府提出了国内经济步入新常态的论断，须保证中国经济更多依赖国内市场而非出口。在调整经济发展重点后，中国依然是世界上经济增速较快的国家。参见 Laufer, R., "La asociaciónestratégica Argentina – China y la política de Beijing hacia América Latina", *Cuadernos del CEL*, Vol. Ⅳ, No. 7, 2019, pp. 74-108。

[2] UNCTAD, World Investment Report, 2011/2014.

第四章 中拉合作新阶段:"一带一路"倡议对未来道路的影响

成了中国重要的海外供应来源地,也逐渐发展为中国主要的工业产品出口和对外投资目的地。①

新自由主义指导下的"华盛顿共识"政策对大多数拉美国家造成了严重的经济危机。在中国开拓拉美市场之时,这一地区国家刚刚从经济危机中开始复苏。地区形势的变化使拉丁美洲逐渐呈现"美退中进"的新格局:拉美国家同美国的关系不断降温,而中国则开始在该地区发挥关键作用。在贸易方面,从2000年至2017年,拉美地区对中国的出口额占该地区出口总额的比重从1.1%跃升至10%以上,而来自中国的进口占其进口总额的比重从1.8%增加到了17.8%。中国与拉美地区整体的贸易规模不断扩大,与南美国家和墨西哥的双边贸易额提升尤为显著②——2017年,中国成为上述国家的第一大或第二大进口来源国,也是与拉美地区贸易往来最为紧密的重要

---

① ECLAC, *América Latina y el Caribe y China, Hacia una nuevaera de cooperación económica*, Santiago de Chile: CEPAL, 2015; ECLAC, *Relaciones económicas entre América Latina y el Caribe y China. Oportunidades y desafíos*, Santiago de Chile: Naciones Unidas, 2016.

② 在贸易方面,依据进出口商品种类的不同,拉美国家对中国的贸易平衡会受到不同程度的影响。例如,南美主要对外出口食品、能源等基础产品,而从中国进口工业产品。所以,这些国家总体上对中国存在贸易逆差。就墨西哥和中美洲国家的国内市场而言,本国的出口产品相对于中国产品更具竞争力,对华贸易也不仅仅局限于工业领域。参见 Durán Lima, J. y A. Pellandra, "La irrupción de China y su impactosobre la estructura productiva y comercial de América Latina y el Caribe", *Serie Comercio Internacional de la CEPAL*, 2017, p. 131。

出口国之一。①②

如图 4.1 所示，2018 年，拉丁美洲及加勒比地区对华贸易逆差达到 2009 年以来的最低点。2008 年，在国际金融危机的背景下，拉美整体进口额下跌，导致拉美对华贸易逆差有所下降。2018 年，由于大宗商品价格反弹，拉丁美洲出口贸易得到了改善。尽管如此，该地区主要出口商品（大豆、原油、铁矿石和铜矿石）的价格仍远低于 2014 年的峰值。③ 值得注意的是，如图 4.1 所示，拉丁美洲及加勒比地区对华贸易逆差呈现较大的年际差异；大多数国家的对华贸易差额占国内生产总值的比重在 -4% 至 3% 之间波动。

在外国直接投资（Foreign Direct Investments，FDI）方面，值得注意的是，在发展中国家于拉美地区投资设立的 100 家大型企业中，有 44 家中国企业，且以中资国有企业（State Owned Enterprises，SOEs）为主。继亚洲之后，拉丁美洲成为全球吸引

---

① 中国是玻利维亚、巴西、智利、巴拉圭、秘鲁和乌拉圭的最大进口国，阿根廷、哥伦比亚、厄瓜多尔、墨西哥和委内瑞拉的第二大进口国。与此同时，中国是与巴西、智利、秘鲁和乌拉圭关联最为紧密的贸易出口国，委内瑞拉的第二大出口市场及阿根廷、哥伦比亚的第三大出口市场。

② González Jáuregui, J., "El Estado y la trama política del complejo sojero argentinoen el vínculocomercial y de inversiones con China（2002 2015）", *Revista Ciclosen la Historia, la Economía y la Sociedad*（enprensa），2019；Slipak, A. y L. Ghiotto, "América Latina en la Nueva Ruta de la Seda, El rol de las inversiones chinasen la regiónen un contexto de disputa（inter）hegemónica", *Cuadernos del CEL*, Vol. IV, No. 7, 2019, pp. 26-55.

③ Ray, R. and K. Wang, "China-Latin America Economic Bulletin", 2019 Edition, *GCI Economic Bulletin*, 2019.

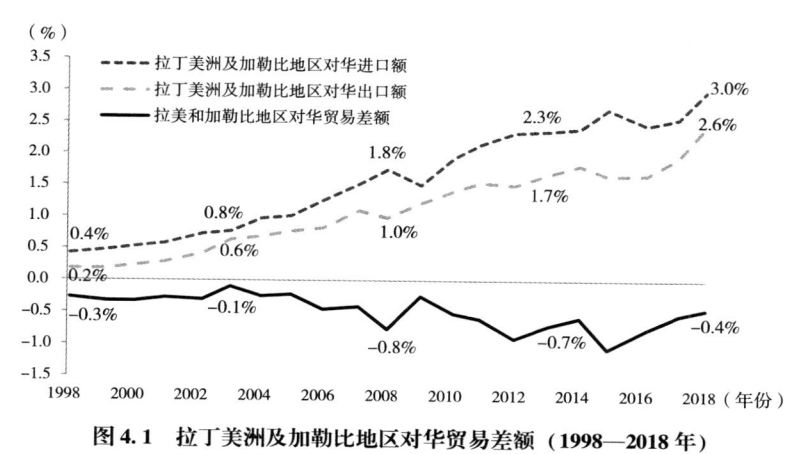

第四章　中拉合作新阶段："一带一路"倡议对未来道路的影响

图 4.1　拉丁美洲及加勒比地区对华贸易差额（1998—2018 年）

资料来源：Ray, R. and K. Wang, "China-Latin America Economic Bulletin", 2019 Edition, *GCI Economic Bulletin*, 2019。

中国直接投资的主要地区，过去十年的年均投资流入量超过 100 亿美元。2015 年，中国—拉共体论坛（the China-Community of Latin American and the Caribbean States Forum，China-CELAC Forum）在北京召开了首届部长级会议，中国国家主席习近平在会上宣布，未来五年，中国企业将在拉丁美洲投资 2500 亿美元。报告显示，在 2015 年至 2017 年间，中国企业的目标投资额已完成近 50%。

过去十年，中国利用长期稳定的双边经贸关系以及近来在对拉美国家投融资方面发挥的主导作用，在拉美地区迅速扩大影响力。2005 年以来，中国最重要的两家开发性银行——国家开发银行（China Development Bank，CDB）和中国进出口银行（The Export-Import Bank of China，Ex-Im Bank）——已为该地区提供了超过 1410 亿美元的贷款，超过了世界银行、美洲开发银行（Inter-American Development，IDB）、拉美开发银行

（Banco de Desarrollo de América Latina-CAF）的总和。更为重要的是，相比其他国家，中国提供的主要是用于商业和代表权目的的非优惠贷款，这在拉美历史上尤为独特。

表4.1 中国对拉丁美洲的贷款（按部门划分，2005—2018年）

部门	贷款数	金额（十亿美元）
能源	35	96.9
基础设施	29	25.9
其他	22	16.2
采矿	3	2.1

资料来源：Gallaguer, K. and M. Myers, China-Latin America Finance Database, Washington: Inter-American Dialogue, 2019。

表4.2 中国对拉丁美洲的贷款（按国家划分，2005—2018年）

国家	贷款数	金额（百万美元）
委内瑞拉	18	672000
巴西	11	289000
厄瓜多尔	15	184000
阿根廷	11	169000
特立尼达和多巴哥	2	26000
玻利维亚	9	25000
牙买加	11	21000
墨西哥	1	10000
多米尼加共和国	1	600
哥斯达黎加	1	395
古巴	3	240
圭亚那	2	175

续表

国家	贷款数	金额（百万美元）
巴巴多斯	1	170
巴哈马	2	99
秘鲁	1	50

资料来源：Gallaguer, K. and M. Myers, China-Latin America Finance Database, Washington: Inter-American Dialogue, 2019。

如表4.1和表4.2所示，在拉美地区，中国的国有银行向不同国家提供贷款，自2005年后，以阿根廷、巴西、厄瓜多尔和委内瑞拉为重点发放对象，且贷款主要用于能源、矿业和基础设施项目。

鉴于中拉经贸合作走入新纪元，加之中国为提升双边关系制定了多项区域合作规划，本文将分析上述进展在塑造拉丁美洲未来发展轨迹过程中所扮演的角色。本文将纳入对《中国与拉美和加勒比国家合作规划（2015—2019）》、《中国与拉共体成员国优先领域合作共同行动计划（2019—2021）》以及两份《中国对拉美和加勒比政策文件》（2008年/2016年）等具体合作规划的考察，在此基础上重点探讨"一带一路"倡议对拉美地区的影响。

在下面的小节中，我们简要地评述了"一带一路"倡议的优势所在，突出其对全球化新模式的探索。同时，我们认为，"一带一路"倡议蕴含着"中国发展愿景的三层架构"（3-level framework of Chinese vision of development）。随后，我们基于中国提出的各项合作规划分析了中国与拉丁美洲的接触现状，并就"一带一路"倡议如何通过在拉美地区复制所谓的"三层架构"而成为当地国家未来发展的关键驱动力提供了建议。在结尾部分，我们将对本文观点进行总结，并针对本文主题提出最后的几点思考。

二 "一带一路"倡议：中国发展愿景的三层架构

2013年，中国周边外交工作座谈会在北京举行。中国国家主席习近平在会上强调，要同有关国家共同努力，加快基础设施互联互通，建设好"丝绸之路经济带""21世纪海上丝绸之路"。2013年9月和10月，在哈萨克斯坦纳扎尔巴耶夫大学发表讲话和对印度尼西亚进行国事访问时，习近平主席也分别提及"丝绸之路经济带"和"21世纪海上丝绸之路"。在习近平主席访问印度尼西亚并出席APEC会议期间，他首次提出了筹建亚洲基础设施投资银行（the Asian Infrastructure Investment Bank，AIIB）的倡议。按计划，亚投行建成后，将成为"一带一路"倡议的重要融资平台，为沿线国家基础设施建设互联互通提供支持。2013年中国国务院总理李克强参加中国-东盟博览会时强调，铺就面向东盟的海上丝绸之路，打造带动腹地发展的战略支点。

2015年，中国国家发展改革委、外交部、商务部联合发布了《推动共建丝绸之路经济带和21世纪海上丝绸之路的愿景与行动》（以下简称《愿景与行动》）。《愿景与行动》明确指出，根据"一带一路"走向，共同打造新亚欧大陆桥、中蒙俄、中国—中亚—西亚、中国—中南半岛等国际经济合作走廊；海上以重点港口为节点，共同建设通畅安全高效的运输大通道。依据《愿景与行动》，"一带一路"倡议"欢迎世界各国和国际、地区组织积极参与"，倡导"和平合作、开放包容、互学互鉴、互利共赢",并致力于打造"政治互信、经济融合、文化包容的利益共同体、命运共同体和责任共同体"。同样是在2015年,中国的"十三五"规划(2016—2020)规划了"一带一路"倡议的未来图景,明确提出要打造陆海内外联动、东西双向开放的全面开放新格局。在中国共产党第十九次代表大会上,推进"一带一路"建设被正式列入中国共产党党章。

因此,提出"一带一路"倡议是中国在向国际社会发出共建"和谐包容"世界的呼吁。作为人类历史上意义最为重大的投资倡议,"一带一路"倡议以开放合作为基础,且不附加政治和财政条件,将为所有参与国带来发展机遇。此外,"一带一路"倡议不仅重视贸易畅通和设施联通,也注重资金融通、住房建设、政策沟通和民心相通。

上述特点体现出,"一带一路"倡议已成为构建新世界经济地理的关键平台,有望促进当下和未来国际关系的进一步重塑。这种新兴的"全球化新模式"(Riós,2018)将不同于以往仅关注贸易的旧全球化模式,而将更多关注基础设施建设和包容性增长,展现互利共赢的合作理念。正如一些专家所言,"一带一路"倡议可推动建立一种"超越单边主义的国际体系"(Malena,2018),倡导全球实现一种"由发展中国家而非西方霸权国家主导的中国特色多边主义"(Girado,2018)。

在2017年于北京举办的首届"一带一路"国际合作高峰论坛上,联合国秘书长安东尼奥·古特雷斯(António Guterres)在致辞中指出,"'一带一路'倡议致力于创造机遇、提供全球公共产品和推进互利合作"。在2019年3月全国两会记者会上,中国国务委员兼外交部部长王毅表示,这一倡议"已经成为世界上规模最大的合作平台和最受欢迎的公共产品"。"一带一路"倡议源于中国,但成果属于世界;到 2019 年 10 月底,已有 137 个国家和 30 个国际组织与中国签署了"一带一路"合作文件,对"一带一路"投出了支持票(Xinhua,2019)。

可以说,"一带一路"倡议宣布六年以来,已形成了一套包含中国国内愿景、区域愿景和全球愿景的三层核心架构。如前所述,"一带一路"倡议正在重塑我们对全球化的认知。在三层架构中,第一维度(国内层面)聚焦中国内陆的发展,第二维度(区域层面)强调通过实现亚洲各国和各地区之间的互联互通来促进区域发展,第三维度(全球层面)关注中国与非洲、欧洲、中东等其他地区的联系,注重实现全球的共同发展。正如中国国家主席习近平同阿根廷总统马克里举行会谈时所强调的,拉美是 21 世纪海上丝绸之路的"自然延伸",这意味着"一带一路"倡议的包容性开始变得更为突出。如果"一带一路"倡议被定位为国内、区域和全球三个层面的公共产品,那么该倡议在三个层面上是相辅相成、相互配合的。三个层面形成合力,协同促进参与国的共同发展。

"一带一路"倡议的国内目标深系中国西部省份的发展,特别是新疆、西藏、青海、宁夏和甘肃。改革开放启动以来,经济特区的设立带动中国东部沿海省份率先崛起,部分中部省份在"阶梯式"① 发展政策的支持下也得到了快速发展(Ramón-Berjano,2018)。相比之下,西部省份仍相对落后。自 1999 年

---

① 所谓的"阶梯式"发展是指,率先在沿海地区,特别是南方各省设立经济特区(中国首批 4 个经济特区分别位于广东省和福建省),而后由沿海省份依次带动中部地区和西部地区发展。

以来，中国政府为缩小发达地区和欠发达地区之间的差距做出了巨大的努力，并制定了"西部大开发"政策；但现实情况证明，"一带一路"倡议在带动落后省份融入区域经济发展方面更为可行。除此之外，"一带一路"倡议还有助于振兴东北地区和与东南亚接壤的西南地区，促进地区经济均衡发展（Cai，2017）。正如西班牙国际政治问题专家徐里奥·里奥斯（Xulio Ríos）所言，"一带一路"建设拉动了中国欠发达省份的经济发展，缩小了欠发达地区与发达地区的差距，与中国的新发展模式极为契合（Ríos，2018）。

"一带一路"倡议的区域愿景是中国希望通过建设新的铁路及路线来帮助邻国实现共同发展。"一带一路"倡议下的海外轨道交通项目将成为重要的互联互通渠道，改善以往地区与国家之间相互脱节的状态。中巴经济走廊便是"一带一路"倡议的样板工程，建成后将贯通巴基斯坦瓜达尔港与新疆喀什之间长达3000公里的贸易通道。此外，还有连接乌克兰、格鲁吉亚、阿塞拜疆、哈萨克斯坦和中国的跨里海国际运输通道，以及从中国江苏直达土耳其的连云港—伊斯坦布尔铁路线。因此，"一带一路"倡议的区域愿景将对国内愿景的达成有所助益，实现中国经西部边陲与欧亚各国相连接的目标，也可同时促进沿线所有区域和国家的发展。

虽然"一带一路"倡议最初只涉及公路、铁路、港口等基建工程以及促进区域发展和民心相通的文化项目，但目前其原初目标已得到了大幅扩展（Cornejo，2018）。如前所述，加强数字和金融一体化、科技合作、学术和文化交流以及商业往来等目标也被逐渐纳入"一带一路"建设的规划之中。该倡议不仅将覆盖中国与周边国家之间的合作，而且将合作范围拓展至整个亚洲，甚至远及欧洲、非洲、拉丁美洲及北极地区。因此，作为一项愈加稳健的全球性倡议，"一带一路"倡议的合作范围越来越广，在向全球发起和推广综合性合作项目方面亦具有日益旺盛的生命力。

三 中国与拉美的经济交往：一个目标，多项战略

回顾过去 20 年的拉美发展史，不容忽视的一点是中国与该地区的交往在迅速扩大。中拉在经济、金融、政治、外交、文化和人文等方面的联系不断加强。如前所述，中国与拉美地区贸易额持续显著增长，并且中国已成为拉美重要的投融资来源国。值得强调的是，为加强与拉美国家的合作，中国不仅与多数拉美国家建立了双边和地区伙伴关系，还增加了高层互访次数，积极参与各种地区多边组织和机构，并签署了自由贸易协定（Free Trade Agreements，FTAs）和双边投资协定（Bilateral Investment Treaties，BIT）。同时，中国出台了两份政策文件，辅之以多项具体合作计划，与拉美就共同关心的议程进行协作。

在伙伴关系方面，1993 年，巴西成为首个与中国建立战略伙伴关系的国家。近 7 年来，中国相继与哥斯达黎加、乌拉圭和玻利维亚等国建立了战略伙伴关系。中国将与巴西（2012 年）、墨西哥（2013 年）、秘鲁（2013 年）、委内瑞拉（2014 年）、阿根廷（2014 年）、智利（2016 年）和厄瓜多尔（2016 年）的双边关系提升至全面战略伙伴关系级别。2018 年 9 月，中国外交部长王毅在会见拉共体"四驾马车"（the Quartet of the Community of Latin American and Caribbean States, the Quartet of the CELAC）外长时表示，中方欢迎更多拉美和加勒比国家参与共建"一带一路"，

愿同拉方推动互联互通和发展战略对接，推动中拉全面合作伙伴关系不断取得新进展（*China Daily*，2018）。

中国还增加了与拉美国家的高层互访次数。中国国家主席习近平先后于 2013 年、2014 年、2016 年和 2018 年出访拉美。2005 年至 2015 年间，中国分别与智利、秘鲁和哥斯达黎加签署了自由贸易协定。另外，中国目前正在与巴拿马进行自贸协定谈判，并在与哥伦比亚进行双边自贸协定可行性研究。中国在不断丰富与相关地区组织和机构的多样化合作：中国已正式成为加勒比开发银行和美洲开发银行成员国，并被接纳为美洲国家组织常驻观察员、拉丁美洲一体化协会观察员国、拉丁美洲议会和太平洋联盟观察员国（Creutzfeldt，2017）。

与此同时，中国也在寻求拉美国家对金砖国家新开发银行（the New Development Bank，NDB）和亚洲基础设施投资银行①的支持。巴西是金砖国家新开发银行的创始成员国，并承诺在七年内提供 100 亿美元的资金；然而，受国内经济和政治危机影响，巴西一直未能充分履行其成员国义务。另外，七个拉丁美洲国家（阿根廷、玻利维亚、巴西、智利、厄瓜多尔、秘鲁和委内瑞拉）向亚投行提供了政治支持，但迄今尚未完成注资程序（Méndez，2018）。

进入 21 世纪，时任中国国家主席江泽民和胡锦涛曾多次到访拉美，旨在加强中国与拉美地区的关系。为此，2008 年，中

---

① 金砖国家新开发银行和亚洲基础设施投资银行，以及丝路基金、中国四大国有银行（中国银行、中国工商银行、中国建设银行和中国农业银行）、金砖国家应急储备安排、中拉合作基金均是"一带一路"倡议项目的主要资金来源。

国政府发布了第一份《中国对拉美和加勒比政策文件》，提出了与拉美在政治、经济、文化、社会、和平、安全和司法等领域开展广泛合作的条件（*People's Daily*，2008）。八年后，中国政府发布了第二份《中国对拉美和加勒比政策文件》，重申了第一份政策文件中提出的合作事项，同时强调将通过与拉共体进行直接接触来加深与拉美地区的合作（MFA，2016）。相比之下，拉丁美洲还没有形成整体的对华合作共识与联合行动。鉴于拉美各国政府的政治取向并不相同且不固定，这一问题不容忽视。或许，在不久的将来，持续推进"一带一路"倡议所取得的发展成果能够消解拉美国家的疑虑。

提及中拉在中国—拉共体论坛合作机制下的经济交往，构成现今中拉合作主要框架的两项"共同计划"必须强调，其中一项是《中国与拉美和加勒比国家合作规划（2015—2019）》，另一项是最近制定的《中国与拉共体成员国优先领域合作共同行动计划（2019—2021）》。值得注意的是，2014 年中国国家主席习近平在巴西出席中国—拉美和加勒比国家领导人会晤期间，提出了"1+3+6"合作新框架①。2015 年，李克强总理在

---

① "1"是"一个规划"，即《中国与拉美和加勒比国家合作规划（2015—2019）》。"3"是"三大引擎"，即以贸易、投资、金融合作为动力，推动中拉务实合作全面发展。"6"是"六大领域"，即以能源资源、基础设施建设、农业、制造业、科技创新、信息技术为合作重点。参见"President Xi Jinping Attends the Sixth BRICS Summit, Visits Brazil, Argentina, Venezuela and Cuba and Attends the China-Latin America and the Caribbean Summit", Ministry of Foreign affairs of the PRC（MFA），18 July, 2014, https：//www.fmprc.gov.cn/mfa_eng/topics_665678/xjpzxcxjzgjldrdlchwdbxagtwnrlgbjxgsfwbcxzlldrhw/t1176650.shtml。

巴西利亚出席中巴工商届峰会，提出了以中拉产能合作为重点的"3×3"合作模式①。在第一阶段，"3×3"模式的首要目标是满足拉美的国内需求；而后，双方将依据自由市场原则开展合作，实现企业、社会和政府三者之间的良性互动；最终，中国将通过亚洲基础设施投资银行、金砖国家新开发银行等金融机构扩大融资渠道（Girado，2018）。

因此，"1+3+6"合作框架和"3×3"新模式已成为中国实施两项政策文件的主要指导方针。并且，拉美国家参与"一带一路"倡议将成为推动中拉未来合作的基石。"一带一路"倡议为促进中国与拉美的合作提供了机遇，不仅可以加强中拉之间的贸易和金融联系，还可以深化中拉的科技、基建、文化及人文合作。

四 将拉丁国家纳入"一带一路"倡议：现在进行时

2016 年，中国国家主席习近平访问智利、厄瓜多尔和秘鲁期间，提出了将拉丁美洲纳入"一带一路"倡议的愿望。而后在 2017 年，阿根廷总统毛里西奥·马克里（Mauricio Macri）和智利总统米歇尔·巴切莱特（Michelle Bachelet）赴中国出席了"一带一路"国际合作高峰论坛，而巴西、秘鲁和委内瑞拉则派

---

① 第一个"3"是指合作建设拉美物流、电力、信息三大通道，第二个"3"指的是实现企业、社会、政府三者良性互动。参见"Premier Proposes '3×3' Model for China-Latin America Cooperation", State Council of the People's Republic of China, 20 May, 2015, http://english.gov.cn/premier/news/2015/05/20/content_ 281475111313739.htm。

出了政府代表参加会议。在 2019 年 3 月举办的第二届"一带一路"国际合作高峰论坛上，智利总统塞巴斯蒂安·皮涅拉（Sebastián Piñera）是唯一出席会议的拉美国家元首，而阿根廷方面则由外交部长豪尔赫·法乌里埃（Jorge Faurie）作为代表参与了会议。

自中国国家主席习近平表示拉丁美洲是 21 世纪海上丝绸之路的"自然延伸"，已经有 19 个拉美国家加入了"一带一路"倡议。巴拿马是第一个通过签署谅解备忘录（Memorandum of Understanding, MoU）加入"一带一路"倡议的拉美国家。其后，乌拉圭、厄瓜多尔、委内瑞拉、智利、玻利维亚、哥斯达黎加、古巴、安提瓜和巴布达、特立尼达和多巴哥、圭亚那、苏里南、多米尼加、巴巴多斯、格林纳达、多米尼加共和国、萨尔瓦多、牙买加，以及近来的秘鲁，都决定加入"一带一路"倡议。但是，还有四个拉美大国没有签署"一带一路"谅解备忘录，即阿根廷、巴西、哥伦比亚和墨西哥。

值得一提的是，智利于 2018 年 11 月正式加入"一带一路"倡议，秘鲁于 2019 年与中国签署共建"一带一路"谅解备忘录。秘鲁和智利都与中国签署了自贸协定，并与中国建立了长期而稳定的关系。在第二届"一带一路"国际合作高峰论坛上，智利总统皮涅拉向中国投资者表示，他希望"将智利发展为中国企业的商业中心，以便从智利走向整个拉丁"。这一宣言清楚地表明了智利对中国和"一带一路"倡议的承诺，尤其是在几周前美国国务卿蓬佩奥（Mike Pompeo）公开指责中国在拉美行径"邪恶"并且施加"掠夺性"贷款的背景之下。阿根廷外长则在第二届"一带一路"国际合作高峰论坛期间与王毅举行了会晤。他强调，中阿两国的全面战略伙伴关系可以延伸至"一带一路"倡议，这也是阿根廷与中国企业开展联合行动深化合作的原因（MFA，2016）。

中国已在拉丁美洲启动了一些区域内和跨区域的基础设施项目，这些项目与"一带一路"倡议十分契合。其中，部分项目包括巴拿马城—大卫铁路、玻利维亚蒙特罗—布鲁布鲁铁路、巴西—秘鲁两洋铁路（横跨南美洲中部，自玻利维亚起，连接太平洋岸的秘鲁及大西洋岸的巴西）、阿根廷—智利两洋隧道以及智利的跨太平洋海底光缆。2019年5月13日，也就是在秘鲁签署"一带一路"谅解备忘录的三周之后，中国国营公司中远海运港口有限公司（Cosco Shipping Ports Limited，CSPL）和秘鲁火山矿业集团（Volcan）签署了投资建设利马钱凯港的合作协议。上述所有举措都有望促成"一带一路"倡议中设施联通支柱的实现。其余四大支柱，即政策沟通、贸易畅通、资金融通和民心相通，已开始通过投资和外交举措加以实现。

因此，自2016年习近平主席呼吁将"一带一路"倡议扩展到拉丁美洲以来，"一带一路"框架下中拉合作在不断扩大。根据目前的发展趋势，"一带一路"倡议将延续当前的发展轨迹。正如前文所述，相较于其他大国对该地区的干预，"一带一路"倡议已成为拉美发展史上的一个重要里程碑。正如阿根廷国际关系理事会中国事务工作组主任马豪恩（Jorge Malena）所强调的：未来，中国将取代美国在拉丁美洲基础设施建设中所占据的主导地位（Malena，2018）。然而，他也同时强调了中国企业应坚持互信互利的原则，与拉美企业合作建设"一带一路"项目。同样，阿根廷驻沪前总领事米格尔·贝略索（Miguel Velloso）与阿根廷亚洲研究专家纳迪亚·杜拉洛维奇（Nadia Radulovich）也表示，"一带一路"框架下的拉美基础设施建设项目"需要基于在中国—拉共体论坛框架内签署的区域投资协议,充分发挥拉丁美洲基础设施建设公司的潜力。如果这一条件可以实现,中拉互信将进一步提升,也将使中拉合作摆脱在后布雷顿森林体系时代占统治地位的中心—外围金融运作程式"(Velloso,2017)。

五 "一带一路"倡议下的拉美:对"中国发展愿景三层架构"的思考

我们认为,"一带一路"倡议正在重塑国际经济关系,实现一种涵盖所有参与国的"全球化新模式"。"一带一路"倡议的主要动机是通过基础设施、贸易、金融、政治和人文交流五大支柱密切国家间的联系。因此,这一由中国向国际社会提供的公共产品在造福各国的同时,构建了一个"双赢"的合作性平台,由发展中国家共同参与、共同引领,最终实现共同发展。基于此,探讨"一带一路"倡议如何在拉丁美洲实现双赢便显得尤为重要。

拉丁美洲国家发展中国家的定位体现出了该地区的一大特点:拉美各国国内基础设施匮乏且落后。在这种背景下,"一带一路"倡议有望进一步扩大中国与拉美在贸易、投资和金融等方面的合作成果,并为探索新的发展路径提供关键帮助。因此,在"三层发展架构"的指导下,"一带一路"倡议能够实现中国与拉美合作共赢的目标。

基于这一前提,可以断言,"一带一路"倡议将有助于在国内层面填补拉美国家内陆欠发达地区的发展差距。鉴于"一带一路"倡议的主要目标之一是通过基础设施建设实现互联互通,

第四章　中拉合作新阶段:"一带一路"倡议对未来道路的影响

所以建造新的桥梁、港口、铁路和公路将显著提升偏远及欠发达省份与发达地区之间的连通性。比如,在阿根廷,中国国家开发银行、中国工商银行和中国银行为贝尔格拉诺铁路①的升级改造提供了85%的项目融资。项目竣工后,将进一步拉近阿根廷东北及西北诸省与科尔多瓦、罗萨里奥和布宜诺斯艾利斯等较富裕城市的距离②。2018年11月,中国铁建股份有限公司与阿根廷签署协议,承诺投资10.89亿美元改造圣马丁铁路。升级后的圣马丁铁路西起阿根廷门多萨省,东至阿根廷首府,将加强门多萨省、圣胡安省、圣路易斯省、科尔多瓦省、圣菲省等内陆省份与布宜诺斯艾利斯的联系。上述项目的推进将带动其他拉美国家与中国进行"一带一路"项目合作。

就区域发展层面而言,"一带一路"倡议可以通过修建和改造铁路、公路等基础设施沟通拉美各国。在这个意义上,马豪恩指出,"一带一路"倡议对南美洲区域基础设施一体化倡议的最终实施具有重要意义(Malena,2018)。这项区域倡议于2000年提出,包括三个基础设施建设优先领域,即运输、能源和通信。然而,由于缺乏资金,一些基建项目被迫中断(Myers,

---

① 负责本次改造工程的企业是中国机械设备工程股份有限公司。
② 关于该案例的更多细节,参见 Malena, J., "Cooperación entre China y América Latina dentro de la iniciativa ampliada 'Una Franja, Un Camino': estudio de caso sobre infraestructura ferroviaria", En S. Vaca Narvaja y Zou Zhan, eds. *China, América Latina y la geopolítica de la Nueva Ruta de la Seda*, Remedios de Escalada: UNLa, 2018, 以及 González Jáuregui, J., "El Estado y la trama política del complejo sojero argentinoen el vínculoco mercial y de inversiones con China (2002–2015)", *Revista Ciclosen la Historia, la Economía y la Sociedad* (enprensa), 2019。

2018）。因此，"一带一路"倡议可以成为推动和实现区域发展的关键新路径。

在全球发展层面，"一带一路"倡议将促进拉美国家与世界其他地区的联系。上述正在进行初步规划的两洋铁路和国际隧道等项目，能够成为连接拉美国家各省市与区域内外其他国家各省市之间的渠道。事实上，两洋铁路和国际隧道已计划修建至太平洋沿岸港口，以便加强拉美与世界其他地区的交往。

尽管如此，如果这些"一带一路"项目不能最终实现双赢的成效，我们便不能将"一带一路"倡议视作一个三层发展架构。前文提到，中国方面应允许拉丁美洲公司参与"一带一路"项目建设，保证承包企业与当地企业之间的互信互利。因此，为避免双方之间的不信任，落实"3×3"合作模式中企业、社会、政府三者的良性互动极为重要，这将使"一带一路"倡议能够始终维持一种内生性的优化诉求。区域发展目标的实现不仅仅取决于合作意愿，更倾向于能否为实际的"互利"合作创造条件。

六 结论

21世纪以来，中国与拉美国家的经济交往取得了显著进展，双方在贸易、投资和金融方面的合作成果令人瞩目。我们认为，这并非偶然：中国旨在通过"一带一路"倡议扩大与拉丁美洲的合作，然而，拉丁美洲仍然没有在地区层面制定一项联合政策以回应中国。就中国而言，中国不仅与拉美国家缔结了各种战略伙伴关系和全面战略伙伴关系，还签署了自由贸易协定和双边投资协定、参与区域多边组织、出台政策文件，并制定了广泛的合作计划。中国对拉美的合作逐渐发展为中国对外交往的一个优先事项。在这一背景下,"1+3+6"框架和"3×3"模式的制定将引领中拉关系进入一个新阶段。未来,中国将以与拉共体的合作为核心,在拉美进一步推广"一带一路"倡议。

中国将拉美地区纳入"一带一路"倡议的努力将会是长久的。迄今为止,已有19个拉美和加勒比国家在"一带一路"框架内签署了谅解备忘录。近期,中国将与多个拉美国家进行合作,启动若干项"一带一路"倡议下的区域内和跨区域基础设施项目。所有项目竣工后,将使"一带一路"倡议力图打造的互联互通格局成为现实。

"一带一路"倡议注重开放包容、互学互鉴、互利共赢的发展原则,发展中国家可尝试通过这一倡议走上发展之路。作为对"全球化新模式"的一种探索,"一带一路"倡议已经开始重塑国际经济关系,改变世界地理格局。该倡议正在以一种前所未有的方式来加速基础设施建设和互联互通,并进而推动发展。然而,对于能否协调地区国家携手参与"一带一路"倡议,与中国共创双赢局面,目前的形势尚不明朗。

基于这些挑战,我们认为"一带一路"倡议能够成为促进拉美发展的关键因素。从三层发展愿景的角度来看,"一带一路"倡议将在国内、国际和全球维度发挥有效作用。在中国,"一带一路"愿景从三个维度依次铺开:首先,促进内陆发展;其次,通过实现中国与亚洲其他地区以及亚洲国家之间的互联互通,促进区域发展;最后,在全球层面,加速中国与世界其他地区的互联互通,走向日益开放的局面。所以,拉丁美洲可以在"一带一路"倡议下复制三层发展愿景,并通过参与该倡议,弥合国内、区域和全球各层面的发展差距。

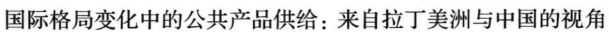

但仍需强调的是，要使"一带一路"倡议成为推动拉美国家发展的关键因素，我们无法回避应如何使"一带一路"建设实现双赢局面的问题。在这种情况下，中国和拉美国家的政府、企业和社会都必须参与进来，加强互动，确保平等参与项目的设计和实施；换言之，需要切实落实"3×3"模式的第二点目标，只有满足了上述条件，才能消除疑虑、共享长期利益，从而在不久的将来实现持续发展。如果认识到"一带一路"倡议对拉美地区的发展至关重要，那么有关各方之间的实际互动、平等参与、互信互利必须成为未来合作的指导原则。

第五章

不进不退：地区主义和美国在争取新的东亚国际秩序中的矛盾角色

妮可·珍妮（Nicole Jenne）

克里斯蒂安·沃思（Christian Wirth）

■ 摘要

在苏联领导的共产主义阵营解体后约三十年，曾蔓延全球、由美国领导的西方自由秩序，亦在如今成为历史，且该秩序在亚太地区面临着社会经济和政治剧变的挑战。本文考察了美国在为建立新秩序而创立多边机构和合作框架的东亚区域倡议中的作用。美国在何时，又如何为东亚区域合作提供了主动或被动的支持？根据对三个案例的分析，本文发现，美国决策者们对东亚倡议所持的矛盾态度（如果不是反对立场），及其对带头创设可替代框架的不情愿，阻碍了新区域制度的建立。因此本文主张，国际秩序的稳定，尤其是东亚秩序的稳定，将取决于美国决策者对多边区域倡议的积极和建设性参与，以及东亚各国在大国兴衰变迁中的团结一心。

■ 关于作者

妮可·珍妮（Nicole Jenne）是智利天主教大学政治学院的助理教授，也是该大学亚洲研究中心（CEAUC）的研究员。她拥有欧洲大学学院国际关系博士学位。她的研究和教学兴趣涉及国际关系理论，国家间冲突，区域安全以及军队在当代国际安全中的作用，重点关注区域为拉丁美洲和亚太地区。其最近的出版物有：《维和，拉丁美洲和〈联合国宪章〉第八章》，载于《国际维和》2019 年第 26 期（Peacekeeping, Latin America and the UN Charter's Chapter Ⅷ, *International Peacekeeping*, Vol. 26, No. 3, 2019）；《应何时征服：2008—2011 年泰柬边境冲突中的国内动员和政治限制》，载于《全球变化、和平与安全》2018 年第 30 期（When Conquest Would Have Paid: Domestic Mobilization and Political Constraints in the Thai-Cambodian Border Conflict 2008-2011, *Global Change, Peace & Security*, Vol. 30, 2018）。

克里斯蒂安·沃斯（Christian Wirth）博士是德国全球与区域研究所（GIGA）的研究员，也是格里菲斯亚洲研究所（Griffith Asia Institute）的兼职研究员。他曾在瑞士联邦政府任职，并曾在日本上智大学、日本东北大学以及荷兰莱顿大学任教。他的研究兴趣集中于海洋领域知识和权力结构的表现，以及社会经济变化对国家合法性的影响。其最近的著作包括专著《东亚海洋政治中的危险，发展与合法性：确保海洋安全以确保国家安全》，罗德里奇出版社 2018 年版；期刊文章：《情感、国际制度与中美两国在南海政治角逐中的唯心主义问题》，载于《国际关系》2019 年；《谁的"航行自由"？澳大利亚、中国、美国及"印太"地区的秩序制定》，载于《太平洋评论》2018 年；《保卫海洋，保卫国家：亚太地区的希望，危险与秩序政治》，载于《政治地理学》2016 年。

一　导论

在苏联解体后约三十年，曾蔓延全球、由美国领导的西方自由秩序，亦在如今成为历史（Daalder and Lindsay, 2018; Ikenberry, 2017）。美国特朗普政府对自由贸易协定、应对气候变化的国际制度以及其他国际组织的不屑一顾，便是这一秩序从内部开始崩塌的最明显迹象。中国快速发展的实力使其足以抵制（若非主动重塑）旧有国际规则、规范和制度，因而被美国视为主要的外部挑战。后者使前者更加措手不及，并重新引发了有关"西方"终结的辩论。上述背景均推动了有关如何"适应"（accommodate）新兴国家（Dang, 2010; Paul, 2016），将其"社会化"（socialize）（Johnston and Evans, 1999），并"整合"到（integrate）现有秩序中去的长期研究（Ikenberry, 2018; Stephen, 2014）。而另一个同样甚至更重要的问题，则是如何适应不断衰退的大国力量。

在美国普遍流行的"中国热"（China Obsession）（Beckley, 2018）以及对北京"新进取性"（New Aggressiveness）（Johnston, 2017）的警惕可能误导决策者奉行既不利于地区稳定，又缺乏巩固美国领导地位潜力的政策。尽管美国增强在东亚的军事存在，可以为逐渐衰落的盟友（如日本）提供短期保证，但目前这种趋于大规模冲突的做法，与美国以及特别是其太平洋盟国的既定战略和经济目标相抵触。即使在极少数情况下会出现冲突优先于合作的可能性，一般而言，所有东亚的主要行为体都强调促进合作与和平的重要性，以实现其国家利益（Buzan，2010；Goh，2008；Katsumata，2009；Zheng，2005）。

就东亚国际秩序迫切需要的思考，不是美国从东亚这一被认为最有可能威胁其霸权的地区撤离（Friedberg，1993），也不是美国的衰退湮没。鉴于东亚持续紧张的内部局势前景，该地区依旧强烈需要美国发挥建设性作用，促进区域团结。这就提出了一个问题，即在地区秩序变化的视角下，美国决策者们要如何定义与重新定义自己及其太平洋盟友的角色。

在本文中，作者首先回顾了美国在为建立区域合作全面框架的三个不同倡议中所起的作用：东盟地区论坛（ASEAN Regional Forum，ARF），《东南亚友好合作条约》（Treaty of Amity and Cooperation in Southeast Asia，TAC）以及东亚峰会（East Asia Summit，EAS）。美国是如何采取措施建立起了新的"后冷战"秩序的？华盛顿是否为东亚区域合作提供了主动或被动的支持，进而帮助建立了新秩序？由此得见，美国决策者们对东亚已有倡议所持的矛盾态度（如果不是反对立场），以及其对带头建立可替代框架的不情愿，极大阻碍了新区域制度的建立，而这些制度本可以成为后冷战秩序的一部分。尽管跨太平洋同盟关系的加强提供了临时的解决方案，延续了第二次世界大战后的国际秩序，但最近的事态发展表明，这些战略已经走到了尽头。东亚国家既不想遵循目前的"新冷战式"的对抗之路，也不想反对美国的亚太介入。因此，本文认为，建立稳定的未来秩序将首先取决于美国决策者们对区域多边倡议的积极和建设性参与（如果做不到积极推动的话）；其次，就部分东亚国家（特别是非大国力量）而言，该地区未来秩序的稳定将取决于各国的团结一致，以及能否将崛起大国与衰退大国纳入其中。

二 美国和东亚国际秩序

美国在终结第二次世界大战一事上，击败日本帝国和德国纳粹所起到的决定性作用，无意间也赋予了华盛顿使命——领导欧洲和东亚的重整（Katzenstein，2005）。在这两个地区，美国都以不同的方式推动了当今所谓的自由国际秩序。在欧洲，多边主义是自由秩序的基石，这意味着华盛顿在广泛的区域合作和渐进的经济政治一体化过程中发挥了关键作用。然而，在东亚的国际互动通常只是华盛顿双边主义接触行为的意外产物。在"冷战"期间，华盛顿反对在东亚建立一个制度化的多边安全框架的想法，表示对其"充满了极大的担忧和怀疑"（Cossa，2005：3）。这种双边联盟和伙伴关系的布局，即通常被称作以美国为中心的轴辐体系，深深根植于冷战逻辑，并仍继续塑造着东亚地区的秩序。

本节回顾了在"后冷战"时期，美国对东亚就区域合作与多边主义的立场。有关重要时间节点的讨论部分表明，美国对多边主义的支持一直是周期性的，但这种支持在促进密切合作方面并没有起决定性作用，对一体化进程的贡献少之甚微。

"冷战"结束后，美国退离亚洲的计划只是昙花一现。两极体系崩塌后的不确定性致使华盛顿存续既有结构。反过来，这也给华盛顿提出了新的要求，即继续保留其对东亚的接触参与，特别以平衡者（balancer）的身份对抗快速发展的中国。尽管观察家们普遍认为，在东亚经历"后冷战"时代深刻的社会经济和政治变革期间，美国一直发挥维持区域稳定的作用（Thakur，1998：9；White，2008），但这并不意味着美国的存在必然支持一个于"后冷战"背景下政治经济环境相称的区域秩序。华盛顿依旧继续强调双边安全安排，而非更具包容性的多边安排。

  第一个决定性时刻是1997—1998年的亚洲金融危机。这是将"新生的区域联系……纳入更实质性整合的一个转折点"（Kurlantzick，2007：69）。那时，对于在亚洲许多市场蔓延开来的货币贬值问题，唯一能加以应对的区域性组织就是亚太经济合作组织（APEC）。尽管根据此前的经验，APEC一旦集中于首脑峰会，便能一直顺利开展工作，但这一次却未能取得实质性成果。相反，国际货币基金组织（IMF）展开介入，在提供贷款的同时，采取严格的紧缩措施并提出私有化要求。由国际货币基金组织实施的新自由主义一揽子改革方案引发了该地区深深的不满（Bergsten，2000：22）。在APEC峰会上，美国反对一切违背IMF放松管制和自由化的做法（Higgott，1998），这一举动给人们留下了强烈的印象，那就是全球经济机制是为服务华盛顿的利益，而非提供公共产品。美国的举动及其在亚洲各国政府中所造成的失望情绪，在结果上变成了推动区域化的动力（Webber，2001）。然而，日本关于建立亚洲货币基金组织的提议，遭到了美国的直接反对，此后再未被给予认真讨论（Yuzawa，2018：467）。另一项举措经证明是更为可行的——自1997年12月的金融危机风波后，东盟领导人与中、日、韩领导人间的会晤就被制度化为东盟"10+3"（APT）。不同于亚洲货币基金组织，华盛顿并未将东盟"10+3"视为现有机制的潜在

第五章 不进不退：地区主义和美国在争取新的东亚国际秩序中的矛盾角色

替代品，这"在很大程度上避免了（部分来自美国的）怀疑和敌对"（Cossa，Tay and Lee，2005：24）。因此，美国于东亚国家应对金融危机一事上的立场，最终意外地掀起了"反作用的地区主义"（reactionary regionalism）（Beeson，2003）。

关乎东亚区域合作未来发展的第二个关键事件，便是奥巴马政府于2011年所宣布的（倡议）（Silove，2016），美国对亚洲地区的"转向"（pivot）或"再平衡"（rebalance）。由于美国从未脱离对该地区的接触，因而"转向"的重点不是指简单地"重返"亚洲，而是强调将重新与中国打交道。或多或少地，三个支柱中的每一个都在被转化为具体行动：加强现有联盟，合作伙伴多样化（重要的是囊括印度，越南和印度尼西亚），以及与区域多边机构更紧密合作（Kuik，Idris and Md Nor，2012：327）。尽管美国的各个倡议带来了各样成果和利益，但"再平衡战略"整体在很大程度上对地区稳定产生了不利影响。最重要的是，这些问题关乎中国，而中国又不可避免地在东亚区域合作中发挥着重要作用。

尽管"转向"的重点强调了多边参与，但在华盛顿看来，一个在东亚真正的多边安全秩序依旧是"不可取"的（Park，2011），因为这会破坏美国在轴辐体系中的中心地位。华盛顿继续坚持重视联盟的传统，把重塑旧有双边伙伴关系与构建全新双边伙伴关系列为优先事项，而多边主义的维持只在被称作"双边主义+"的体系中起补充作用（Gannon，2018：33）。中国官方对于"转向亚洲"的反应是温和的，但体现在非官方圈子以及社交媒体上的态度则立刻明朗起来。同时，该地区一些国家的领导人感到不安，例如印度尼西亚的外交政策顾问公开表示担心战略竞争的动态过程（Kuik et al.，2012：338-339）。

在马来西亚，安全政策领域资深顾问杰哈尔·哈桑（Jawhar Hassan）将"不断发展的局势"描述为"安全困境的经典例证"（引自 Kuik et al.，2012：338）。

实际上，尽管没有直接点名美国，中国在《2013年中华人民共和国国防白皮书》中提到："有的国家深化亚太军事同盟，扩大军事存在，频繁制造地区紧张局势。"有美国高级官员指出，中国在海上边界争端中的表现部分是为了回应美国对该地区日益增加的关注。对此，奥巴马政府并没有采取更少敌对的、更有效的政策战略来促进该地区内部的合作。相反，2015年美国《国家军事战略》（*National Military Strategy*）称中国"给亚太地区增加紧张局势"的指控就标志着奥巴马政府已经走上了与中国的对抗之路（USA，2015：2）。而到特朗普执政时期，这一政策又向前推进了两步，更加强调以军事手段作为政府整体对华战略的一部分。在这种情况下，很难想象中国、美国及美国的盟国将如何建设性地参与该地区的多边论坛，从而也引发其他国家对华盛顿是否坚持多边主义路径的质疑。而在该区域内，也确实存在有关美国继续维持其东亚存在的或明或暗的请求（Funabashi，2008：3）。该地区的各国政府在传统上一直认为美国霸权是良善的（Hamilton-Hart，2012），甚至中国有时也释放出"希望美国'留在身边'"的信号（Chachavalpongpun，2010）。美国到底在多大程度上支持东亚区域合作？下节将基于三个案例研究来回答这个问题。

三 促进区域合作的倡议

本节讨论了为促进区域合作的三项倡议，即东盟地区论坛,《东南亚友好合作条约》和东亚峰会。美国是上述三项倡议的成员国,但只在东盟地区论坛中享有创始成员的身份,至于其他的两个合作框架,只是服务于美国"亚洲再平衡"的政策背景。

东盟地区论坛

在美国摒弃了恐其主导的轴辐体系被削弱的顾虑后,该地区第一个在政治安全领域得到授权的区域组织——东盟地区论坛才得以创立,而也正是此时,美国在东亚区域主义中的重要作用才被凸显出来。从1991年年底逐渐开始将多边主义视为潜在补充的转变(Goh,2004:51;Midford,2000:387),让东盟地区论坛在1993年东盟部长级会议(ASEAN-PMC)上得以创建,美国也参与其中。此前,老布什政府反对了澳大利亚和加拿大关于建立类似于欧洲安全与合作会议(CSCE)的区域安全对话的提议(Morada,2002:96)。同样,当日本提出另一种构想,试图建立一个扩大东盟部长级会议成员资格的安全论坛时,美国坚持认为联盟体系已得到成功证明,"东亚的环境不适合搞安全领域的多边主义"(Midford,2000:384)。根据日本外务省官员的说法,美国拒绝了以时任日本外相中山太郎命名的所谓"中山提议",部分是由于华盛顿因日方未与之磋商而感到被冒犯(Midford,2000:384)。

然而,亚太地区瞬息万变的局势促使美国对其自身再定位。在"中山提议"登场的同一时期,东盟战略与国际问题研究所(ASEAN-ISIS)也建议创立一个与安全事务有关的对话论坛。抱有类似想法的还有许多国家,因它们均对美国所宣布的"后冷战"战略撤退持有顾虑(Emmers,2001)。随着双边联盟体系已无法满足东亚需求的形势日益明朗,美国开始有了支持建立区域安全论坛的构想,并于 1994 年举行了东盟地区论坛第一次峰会。

对东亚区域合作框架持反对意见的美国虽然转变了态度,但这并不意味其就会成为全心全意的支持者。研究发现,美国在最初几年的参与都是消极被动的,"这便排除了东盟地区论坛在最初几年取得任何实质性成果的可能性"(Jho 和 Chae,2014:243)。同样,吴翠玲(Evelyn Goh,2004:54)也提出类似的看法,认为"美国对东盟地区论坛的默认只是某种被动回应,因为反对没有任何好处,而支持则几乎不花费成本,或许还能有一些收获"。在随后的几年中,东盟地区论坛几乎没有取得任何明显的成果。据报道,即使已成立二十多年,该论坛的成员国们依旧还在努力增进彼此之间的信任。该论坛远没有发展出如创始大会上所设想的预防外交的能力,也失去了对其他区域论坛的大部分(如果不是全部)重要性。

当然,美国不是唯一一个因东盟地区论坛未能实现其既定目标而受到指责的国家(Jho 和 Chae,2014)。但是,作为最有影响力的成员国,美国本可以做得更多,而不是偶尔抱怨论坛设计的不切实际,尤其是当其他与会国也对此有所发声时。[①] 据

[①] US Embassy Bangkok,"Demarche delivered:Upcoming U. S. initiatives and activity associated with the ASEAN Regional Forum",7 February,2008,Wikileaks ID 08BANGKOK408_a; US Embassy Hanoi,"Vietnam foreign policy experts on China,the United States and Asian regional architecture",24 March,2006,Wikileaks ID 06HANOI683_a,China:US Secretary of State,"US-China discussions on cooperation in Asian regional organizations",21 May,2008,Wikileaks ID 08STATE54231_a.

美国国会研究处的一份报告反映，美国不大感兴趣在服务共同利益而非己利的组织中扮演促进发展的领导角色。这份2008年发布的报告显示，与非经济类机构脱钩是美国的一种政策选择，因为"觉得这类区域组织到头来都将成为'空谈会'。美国可以不参与区域制度建设，但依旧保持同亚洲经济和安全上的联系与参与"（Nanto，2008：38）。该报告注意到"在这个问题上似乎没有任何意见得以表达……"从而进一步质疑多边主义是否存在价值，哪怕仅仅是作为联盟体系的补充价值。

总体而言，东盟地区论坛对华盛顿来说确实是个有用的工具。它有助于美国在该地区传播其价值取向，并获得"对美国而非潜在地区规范制定者而言重要的国际规范上"的支持（Goh，2004：59）。全球反恐战争可以说是在这方面最好的例证，在9·11袭击美国本土事件之后，这几乎成为美国与东亚国家打交道时"唯一的焦点"（Cossa et al.，2005：15）。东盟地区论坛和其他经济导向的地区论坛（诸如APEC）所采取的宣言和措施都很好地迎合了华盛顿的利益。但是，除了能以反恐战争盟友的身份获得反恐资金，它们几乎不能带给大多数参与国明显的好处。

《东南亚友好合作条约》

《东南亚友好合作条约》是由东盟的创始成员于1976年制定的。该条约更类似于"国事访问期间发布的政治宣言"，而非传统意义上的国际条约（Crook，2009：741）。该条约规定和平共处为一般原则，这一点类似于《联合国宪章》。当该条约向非东盟国家开放准入时，中国和印度即于2003年率先完成签署。多年来，美国一直没有采取任何行动去通过一项被人认为有可能与该地区（现有）双边军事演习制度安排相抵触的条约。鉴于泰国和菲律宾是美国长期的条约盟友，也是《东南亚友好合作条约》的两个创始成员国，（美国）加入条约很明显是出于政治考虑，而非法律细节。2008年，美驻华大使馆向华盛顿通报了一场与一名中国国家安全部下属研究所研究员进行的会谈。该研究员表示"注意到美国拒绝签署《东南亚友好合作条约》（TAC），……并称'对中国而言，签署像《东南亚友好合作条约》这样的非实质性协议不存在问题'"（US Embassy，2008）。然而与中国不同的是，美国一直未看到加入该条约的好处，直到它着手订立一项扩大参与亚太地区的总体政策，以求这个区域内成员自主处理本地区事务，在日益自信的区域内维持其存在（Saruta，2012：82）。

2009年2月，美国正式启动了签署《东南亚友好合作条约》的程序，"通过扩大美国在该地区政策中的多边组成部分，来象征性地提高美国在东南亚的地位"（Manyin，Garcia and Morrison，2009：1）。随后，美国于2010年任命了首位常驻东盟大使，于2011年加入了东亚峰会，并于2012年将年度东盟-美国峰会实现制度化。尽管《东南亚友好合作条约》的签署并未实际束缚美国，但这一行为表明，华盛顿已正式承认了东盟在寻求区域合作中的中心地位（Teh，2011：356）。

东亚峰会

早在2005年创建这一新论坛时，加入《东南亚友好合作条约》便被确立为美国成为东亚峰会成员国的先决条件。但是，没有证据表明该要求促使美国签署了《东南亚友好合作条约》（Manyin et al.，2009：2）。实际上，由于小布什政府对东亚多边合作和区域主义的态度总体上比较冷淡,所以长期以来都不甚清楚小布什政府是否愿意加入东亚峰会(Cossa,2005:2)。

当东亚峰会的构想成形时,华盛顿采取了一种"观望"的态度(Cossa et al.,2005),这与俄罗斯大不相同。俄罗斯曾"大力"寻求邀请,渴望加入,却直到2011年才与美国一道成为东亚峰会的成员(Soesastro引自Morada,2002)。若像某些人所称的那样,东亚峰会真是马来西亚稍早前推进的"东亚经济核心论坛"(East Asia Economic Caucus,EAEC)的延伸,那么这次美国对这种合作倡议的认知就有所区别了。美国曾公开反对"东亚经济核心论坛",但现在它只对东亚峰会潜在的"内向型和排他性"表达了"些许担忧"(Vaughn,2006:3)。在密切关注东亚峰会如何发展的同时(尤其是在日本和澳大利亚参与下),美国副国务卿理查德·阿米蒂奇确认了日澳两国及其他与会国将代表美国的立场(Park,2011:151)。

在成立之初,该地区内外的许多人都认为东亚峰会有着重要的战略性,而且可能是最有希望的区域合作框架。然而,美国在东亚的联盟体系最终阻碍了这一类型的亚洲论坛的成立。创建一个更大的平台在美国看来是无法取得实际成果的(Saruta,2012:89)。东亚峰会、东盟地区论坛和其他的区域论坛都旨在促进政治安全领域的合作,其中中国较青睐东盟"10+3"机制,而日本则优先考虑东亚峰会(Teh,2011)。

无论是在东亚峰会成立之初,还是在其最终加入该论坛之时,美国都没有在推动各地区国家团结一致、带领区域合作进程超越"空谈会"达到更高水准方面发挥过建设性作用。到2010年,华盛顿显然不愿再承担东亚峰会"可能在没有美国参与的情况下,自行就贸易乃至安全事务达成集体协议"的风险

(Vaughn, 2006: CRS-1)。东亚峰会在层级上同时涉及了国家元首级和部长级,这对一直是该区域内唯一的领导人峰会的APEC和东盟地区论坛部长级会议都构成了潜在的"威胁"(Cook, 2008)。在美国试图重新参与并加强其在该地区的存在的背景下,华盛顿向东亚峰会的成员国告知其加入该组织的兴趣(Severino, 2012)。因此,当入会邀请正式发出后,便"立即受到了友好的回应"(Chachavalpongpun, 2010)。尽管如此,美国时任国务卿希拉里·克林顿(Hillary Clinton)在2010年峰会的发言中依旧强调了美国的联盟和伙伴关系在多边合作以前发挥的作用(Clinton, 2010)。毕竟,用时任参议院外交关系委员会东亚和太平洋事务主管弗兰克·詹努奇(Frank Januzzi)的话说,美国加入东亚峰会不仅是为了维护美国的"霸权地位",还是"因为我们真诚地相信,推进规范对我们有利"(引自Saruta, 2012: 67)。毫无疑问,这些规范都是为了加强以美国为中心的秩序,且由于多边主义是该地区各国所勾勒出的参与形式,因而这些规范也都被投射到这一地区论坛中。因此,在此处考虑的例证中,多边主义并不是美国推动的自由国际秩序的固有要素。

上述部分已表明,当前东亚地区的国际制度是脆弱的。尽管美国一直不愿支持,甚至反对区域框架,但却依旧坚持直接参与其中。在所分析的所有三个合作计划中,美国在最终成为会员国之前,要么是犹豫不动,要么就是事不关己。

四 结语

从美国的角度来看,亚太地区的战略挑战,一直是令其费心的一大平衡问题，它需要在安抚盟友和同时，避免出现与对手间紧张局势加剧、陷入地区内部争端的反效果。然而，如果我们改变对亚太秩序问题的看法，就可以避免这种两难困境。这种"反效果"的形式可能表现为以提供区域公共产品为目标的区域合作，因为这些区域公共产品对地处遥远的美国的影响会不同于对该区域内国家的影响。因此，正如有的学者所言（Sutter, Brown and Adamson, 2013: 31）"美国不必过度担心，应以商业化和建设性的方式，更多打造区域内各政府和组织同中国打交道的前景"。

轴辐体系之所以长期存在，主要是因为"没有一个旧金山体制的参与国，认为其他的区域和双边关系有足够的吸引力，以至于让它们宁愿避开旧安全框架的好处"（Beazley, 2003: 326）。但是，这也可能会随条件变化而变化。随着权力分配的不断变化，旧金山体制的"参与者"很可能会找到更合适的替代方案。因此，美国的领导力将取决于美国是否以及如何继续参与塑造未来的图景，而不是固守旧体制直到其崩溃为止。

为了真正地立足于东亚，华盛顿需要支持并为广义上的东亚地区（或亚太地区，抑或印太地区）的建设做出积极贡献。为了实现这一目标，并减轻美国日益加剧的孤立和不安，即其长期以来对被排除于东亚（和欧洲）之外的担忧，东亚各国政府应积极与美国接触。

使美国介入该地区的提议到底有多大现实性？可能塑造亚太政治未来的条件表明，同美国接触的前景并不黯淡。尽管美国退出全球政治是一种捷径的替代方案，这能避免由既有大国对崛起大国的恐惧所致的危险动态。然而，这在中期的未来是极不可能发生的。相反，美国将会寻求维持其在中国周边地区的地位（Mearsheimer，2001：401-402；White，2008）。在该地区内部，即便是那些对美国的存在持正式批评态度的政府，也从未完全反对，甚至有时还欢迎华盛顿对该地区的介入，东南亚国家便是例证。在东盟的框架以及印度尼西亚不结盟运动的领导下，东南亚国家传统上一直在寻求维护其自主的权利，但同时也欢迎美国成为"良善霸权"和向善之师（Hamilton-Hart，2012）。中国也并未完全反对美国在东亚发挥作用。尽管在海洋领域方面，"中国可能有雄心壮志，也有反制美国军事存在的战略"，但伍斯诺（Wuthnow，2017）指出，在其他方面，例如在湄公河流域或在其周边域外的非传统威胁政策领域，情况并非如此。综上所述，考虑到霸权的存在不会轻易消失以及明显的区域合作意愿，美国的介入政策便很可能会大获成功。

金融和管理视角

Perspectives on Finance and Management

FLAUC

第六章

全球公共物品与形象不平等：国际援助提供全球公共物品的困境

玛塔·奥奇曼（Marta Ochman）

■ 摘要

纳税人与受益人之间所遵循的"谁生产谁受益"的等价原则（principle of equivalence）是解决公共产品经典问题（谁应当负责生产与提供公共产品）的方式。然而，将这一等价原则拓展应用至全球范围的公共产品问题则是一件不可能的事情。因为，由谁来为全球公共产品出资是最复杂的问题之一，难以轻易解决。而在这一问题上，全球公共物品供应作为某项公共政策的结果产出，其主要的融资方式就是政府开发援助。然而，这种行为却具有一定的负面意涵，对于接受全球公共产品的发展中国家而言亦是如此。因此，为了能找出创新且有效的全球公共产品融资方式，理解"为何国际援助不应作为可行选项被考虑"的原因就至关重要。作者同时指出，原先适用于保护全球性自然资源的融资工具为此问题提供了解决方案。

■ 关于作者

玛塔·奥奇曼（Marta Ochman），墨西哥蒙特雷科技大学（Tecnologico de Monterrey）全职教授、研究员；墨西哥国家科研机构"全国科研系统"成员。她的研究关注的议题是公共政策的公民参与、公民治理能力与社会合作，已出版三本专著且在同行评议期刊发表十余篇论文及书目章节数篇。她的最新研究成果包括：《如何在祛魅时代巩固民主：公民治理能力的视角》（*Una aproximación clesde las competencias ciudadanas*，Colofón 出版社 2017 年版，与 Jesus Cantu 合著），《资助发展项目：公民社会组织的路径》（"Financing Development Projects: An Approach by Civil Society Organizations"），载于《拉丁美洲政策》（*Latin American Policy*）。此外，她亦参与了墨西哥国家科技委员会（CONACYT）与欧洲理事会资助的研究。

一 导论

自 20 世纪 90 年代后期以来的研究表明，全球公共产品（Global Public Goods，GPG）供应的保障机制是不充分又经常无效的，并导致了全球不平等状况的加剧（Kaul，Grunberg 和 Stern）。首先，提出 20 世纪 50 年代的有关公共产品的传统概念与理论，主要是为国家干预经济提供合理性，但在以全球化和国家能力衰退为标志的 21 世纪，它们都已过气。其次，对于何种公共产品应当成为全球公共产品之决定，以及谁应当承担生产与提供全球公共产品责任之结论，往往都是不对称权力关系下辩论与谈判的结果。最后，在许多全球公共产品的个案中，融资手段多局限于国际开发援助这一方式，从而限制了资源的可用性。

在通过国际开发援助提供全球公共物品的问题上，尽管大多数的批评着重于资源的稀缺性，归咎为行为体的疲于援助，但本文则指出另一个负面的外部效应，即援助过程中对受援国的污名化现象。这种现象加深了受援国与援助国之间的形象不平等（symbolic inequality）。作为替代方案，本文提出可以通过改进现有用于全球环境公共物品的融资方式。而就权力关系的角度而言，这一融资方式具有多样性与中立性的特征。

本文从回顾公共产品的传统讨论入手，建立相关定义和区别特征。第二节的论述于福利国家兴起与巩固的历史背景下展开，阐明这一环境使得公共产品的供应方案难以完全适用于国家和国际层面；第三节引入"应得性"（deservingness）这一概念，分析利用国际援助融资全球公共物品所带来的负面效应。此概念与人类学意义上提供帮助的意愿相关（包括现代社会语境下对再分配政策的支持行为）。在结论部分，本文分析了将全球环境产品（Global Environmental Goods）融资方式运用于其他类型的全球公共产品融资的优势。

二 关于公共产品的传统讨论

公共产品理论在 20 世纪 50 年代得以成型。在这一时期，推行"福利国家"政策成为发达国家增强其正当性的主要机制。不同于自由放任型国家,"福利国家"要求政府对经济成果再分配的显著干预。从政治角度而言,通过对公民权利的重新定义,特别是"社会权利"(social rights)这一概念的提出,政府干预经济的行为得到了正当化的论述。然而,正如下文所述,由马歇尔(T. H. Marshall)提出的公民权利理论不仅为公民权的概念增加了一个新维度,还从社群主义的视角重构了公民权的内涵。此视角下,被构架为同享一个共同的历史的社群,一个赋权于当中每个公民的社会与生产过程,但却将外国人排除在外。

在20世纪50年代中期,保拉·萨缪尔森(Paula Samuelson)确立公共产品与私人物品概念之间的区别时,这一区别只局限于经济范畴,其目的是划清政府与市场各自角色的界限。由此,关于何种产品应当由政府提供成为一个纯粹的技术问题,因为公共产品得以被区分的两个特征(获益上的非排他性与消费上的非竞争性)被假定为客观存在的,是特定物品具有的内在本质属性并不受人类决策的影响。非排他性与非竞争性导致了市场失灵现象,因为市场并无意愿去生产或分配容易通过"搭便车"就能获得的物品。当这些物品的获取有助于增进福利时,政府则应承担起生产与提供这些物品的责任。公共产品的经典案例(例如国防与公共道路照明系统)使这一认知得以强化:对物品进行概念划分是一个纯技术化的、不受意识形态与政治决定影响的过程。

现实情况却更加复杂。首先,市场与政府的二分法并没有完全回答"谁提供公共产品"这一问题。考尔、格伦贝格与斯特恩(Kaul, Grunberg和Stern)系统地总结了公共产品的三种类型:(1)自然公共产品(natural global commons),包括最广义角度的人类生活的环境与自然世界；(2) 人造公共产品（human-made commons），以知识、制度与信念体系为典型；(3) 政策公共产品（policy outcomes），这一部分涵盖了传统意义上的公共产品与服务，例如供水、安全与健康。在现代国家体制趋于完善、人口增长与技术进步的情况下，提供自然与人造公共产品也成为公共政策的目标，但所采取途径多为管制型政策而非再分配型政策。在一些情况下，前两类公共产品获取的普及并不被视为公民权利。最好的一个例子是关于知识产权的法律规定，因为尽管知识的生产得益于人类的共同贡献，但它却被规定为是私人行为者的独占性物品。在市场规则下，个人拥有保存与出售知识产品的绝对自由。

技术成为影响公共产品非排他性的主要因素，同时也降低了消费者无法获取一些公共产品的成本。例如当电视刚开始出现时，电视节目的制作与播放被认为是一种公共产品：因为阻止拥有电视机或接收天线的人收看电视节目是一件不可能的事情，且电视节目观众数量并不影响节目的制作成本。然而现在，有线电视和流媒体技术的发展在公共与私人电视节目间划分了明确的界限。

此外，在人口增加的情况下，对公共产品的"挤占"（crowding）现象引发了对其在消费中具有非竞争性特征的质疑。举例而言，墨西哥城的一条干道或许具有非排他性的特征，然而，它是否具有非竞争性则令人质疑，因为新汽车在干道上的行驶占用了其他汽车在该条干道上行驶的空间。同样的现象也发生在其他被认为是公共产品的领域中，例如教育、医疗、水资源与卫生。挤占问题推动了所谓"俱乐部物品"（club goods）的兴起，如各种收费道路、私立学校与私立医院。在大多数情况下，当对公共服务的需求高于其可及性时，消费中的非竞争性很明显就成了一个迷思。

有关公共服务私有化（例如供水与垃圾收集）的讨论表明，对公共产品与私人物品的区分很大程度上取决于政治决定。事实上，对于普通民众而言，"公共产品"或"公共服务"就是政府所生产与分配的物品：

> 基于"消费上具有竞争性、获益上具有排他性的一类物品应属私人"这一标准定义，决定何种物品属于私人还是公共，在很大程度上似乎是一个技术层面而非政治层面的问题。提供市场拒绝生产的物品也成为政府的角色之一。然而，这一标准定义却造成了一种普遍的误解，即认为公共产品都是由政府所提供（Kaul et al., 2003b：23）。

然而，正如霍尔康贝（Holcombe，2000）所解释的那样，政府提供某些物品并不是因为它们的非竞争和非排他性，而是为了增强公民对于政府自身正当性的认知：

> 如果公共产品理论被认为是一个政府增加其政策行为正当性的工具，那么就能更好地理解公共产品理论经久不衰的现象。这一理论并不能很好解释政府实际上的行为或应当做出的行为，但可更好地理解为政府增进自身利益的一个概念工具（第21页）。

政府提供物品对提升政府自身正当性存在积极影响这一事实让我们认识到，私人物品与公共产品间的区分不仅是一个政治决定，还是一个社会建构的评价性产物，它评估何种物品有

第六章 全球公共物品与形象不平等：国际援助提供全球公共物品的困境

益于个人或全社会，以及政府在提供这些物品中必须扮演的角色：

> 一些作者质疑新古典经济学对公共产品的定义是否合适。他们认为一种物品是否被认为是公共产品，很大程度上并不取决于物品的内在特征，而更多取决于一个社会中对于"何种物品应当通过非市场机制提供"这一问题的主流社会观念。在一些社会中，有一些物品具有非排他与非竞争的特征，但却不被社会认为是公共资源。例如19世纪的卫生设施是在种族隔离基础上建立的（Deneulin 和 Towsend，2007）。

在当今的多元社会中，对何种物品应是公共的，且须通过再分配政策实现获取普及这一问题不再达成共识。民主政体中存在关于预算分配的辩论，但是权利分配的不平等使得政策向拥有更多资源的群体倾斜。正如拉美和加勒比经济委员会（CEPAL）在关于拉美地区社会凝聚力的分析中指出，精英阶层选择提供俱乐部物品而放弃了提供公共物品的责任：

> 社会精英越来越多地脱离公共生活，寄居于高墙之内。除了担任雇主与企业高管之外，他们并不与社会的其他群体接触。他们建立属于他们自身的教育体系并为之付费，并优先与国外的精英同侪，而非与本国社会的其他国民建立联系（CEPAL，2000：308）。

正如本文关于公共物品问题辩论的总结，可以明确地认为，当前关于私人物品与公共产品的区分并非主要取决于非竞争或非排他等技术性特征，而是一个社会规范问题，即某些物品与服务是应开放让全社会普遍获取，还是让其限制获取。现代国家体系的完善与随之而来的民主化更加凸显这一点，即有关公共产品的归属决定是一个"社群"层面的问题，而"社群"则被公民权利与共享纳税义务局限与定义。

三　全球公共产品及其传统讨论的局限性

严格意义上说，全球公共产品是指在全球范围内，所有国家且涵盖数代人的民众能无歧视共享的物品（Kaul, et al., 2003；Taekyoon, 2013：28）。此外还有"国际公共产品"，是指全球范围内仅部分国家共同享用的物品（Arriagada 和 Perrings, 2011）。就分析提供机制而言，上述两者不存在显著区别，因为以上公共产品的供应都取决于国际社会的协调或合作。

在把全球公共产品的定义与公共产品的一般性定义进行比较时，需要重点关注的是，前者的定义并不源自物品的内在特征，而取决于物品超越领土与文化边界所拥有的正面的外部效应。这一定义也暗示了，人类社会所有成员都应当享有全球公共物品的使用权，但这种使用权并不直接与权利（在全球公共物品的语境下即人权）相关。事实上，回顾有关全球公共产品的文献，值得注意的是大部分分析聚焦公共产品中的"公害"而非"公益"现象。全球危机管理取代全球公共产品供应成为议题：疾病控制、打击恐怖主义、减缓气候变化、生态多样性的丧失，还有一些全球公共产品框架下其他主题的常见事例。

此外还需注意的是，自然公共产品与作为政策产物的一类公共产品之间的区分具有重要意义。就前者而言，存在对自然

第六章 全球公共物品与形象不平等：国际援助提供全球公共物品的困境

公共产品的共享所有权意识（consciousness of shared ownership），这种共享所有权意识在许多情况下较之种群身份更广泛。人类并不能创造地球、大气及其生物多样性；相反，出于人性的需要，自然公共物品被利用转化，以满足人类更大的欢愉与舒适。无论在原因和范围上对生态危机和气候变化的理解上存在怎样的区别，人们一致认为，这些公共产品都是源于自然并被人类消耗，且这一问题引发了全球层面的讨论，进而促成更加有力的国际合作机制，例如联合国气候变化公约框架与其缔约方会议机制。

相反，政策性公共产品则一直被认为是仅属于特定"社群"的所有品，通过"社群"内共同的政治认同与历史过程生产而得。社会权利在20世纪被纳入公民权利，部分标志着国家与其公民的关系面临激进性的变化。正如上文所指出，公共产品理论与马歇尔的公民权利理论都在20世纪50年代时在西方福利国家的语境下提出，这一现象并非巧合。

马歇尔的公民权利理论在理解"为何不能简单将公共产品理论运用至全球范围"问题上十分重要。当马歇尔提及社会权利时，他并不仅仅认为是一种最低福利要求，而是指出这是"根据社会主流标准，有权全面共享社会遗泽并过上一种作为社群内文明人的生活"的权利（Marshall，1996：8）。在延续其社会和文化遗泽界定社会公民权的论点时，马歇尔认为：

> 公民权是赋予一个国家社群中正式成员的权利地位。所有拥有这一权利地位的人在权利与其赋予的义务上一律平等。虽然在决定这些权利与义务内涵的问题上，并不存在普遍原则。但是当公民权在一个社会中发展时，它创造

了一种理想的公民权利衡量标准，以及人们能够追求的权利方向（Marshall，1996：18）。

在全球公共产品的问题上，公民权的概念有如下几点较强的含义：它确立了一套作为公民有权获得的物品组合，因而也确立了国家供应的义务。医疗资源、社会帮助、工作、体面标准的生活，诸如此类也因而成为公共产品，而这些须通过税收体系与社会再分配政策获取财政支持。例如拉美和加勒比经济委员会（CEPAL）对社会政策的普遍性做出了如下定义：

（普遍性）意味着需要确保所有公民在数量与质量上获得能完全参与社会的基本权利保护，这种保护在国家发展水平所允许的可能性及其确立的财政过程框架范围内得以提供（CEPAL，2000：52）。

因而，社会权利一方面受各国发展水平所限制，另一方面也受其财政框架所限，而这也取决于集体或个人责任方面的深层价值观。一地或一国的发展，被看作经历数世纪而不断积累的该处群体贡献的遗泽。因此，享有政策性公共产品的权利也被认为是代际的，而非跨国的。对社会权利与国家共同体的历史形态紧密相关这一点的感知，便解释了排斥国际移民，抑或财政共享体系遭到削弱的现象，例如西班牙与意大利的团结统一正受此威胁。在墨西哥，尽管国家团结并未受到威胁，但内部文化差异所造成的偏见大致解释了该国北部与东南部地区间的发展差距。如果我们认同，政府之所以承担责任提供公共产品，并非出于公共产品非竞争和非排他的固有属性，而是由于政府将其当作对境内公民或选民塑造正当性的有效手段，那么很显然，同样的激励效应在涉及自然公共产品或政策公共产品的国际合作领域中并不存在。

在民主政体内，与公共产品供应有关的决策交由公开辩论处理，且政府的行为定期受到问责程序的评估，后者衡量政府是否具有或缺乏提供公共产品的效能。而在全球受众范围内，并不存在同等的问责程序。"全球市民社会"仍然是一个迷思（Shaw，1994 或 Edwards 和 Gaventa，2001），"跨国市民社会"也呈现出诸如内部民主参与的脆弱性、缺乏代表性与问责制等问题（Edwards 和 Hulme，1996；Price，2003 或 Serbin，2004）。考虑到这种制度上的缺失以及超国家权力的缺位，全球公共产品的供应完全取决于主权国家的政治意志。而当这一公共产品与该国国民福利不直接相关时，主权国家并不受诸多内部激励来调动经济与政治资源，以提供全球公共产品。因此，关于构建全球公共产品的供应框架的议题演变为危机管理与控制全球"公害"的话语，而它们的外部效应能够影响那些有出资能力的国家的选民们。然而，对全球公害的话语的关注，让全球公共产品赤字的国家受到了污名化。这些国家被界定为"问题根源"，这在许多情况下为军事介入以根除问题提供了正当性依据。

赢取支持全球层面上资源再分配的另一个相对有效手段，则是唤起民众对于未获益群体的团结意识。尽管从其和平又协作的特征来看不失为一个更好的选项，但运用国际开发援助对发达国家与发展中国家的权力关系依旧会产生重要的负面影响。

四 国际援助、"应得性"原则与象征不平等

即使是在再分配政策合法地基于公民权利、国际人权而实施时，其正当性来源以及其带来的政治支持仍取决于比权利观念更为悠久的机制。所有社会都有其援助计划，它受道义原则以及对群体"应否值得受援助"的划分需求得以强化。这一"应得性"原则仍然是现代福利国家背后的一项强有力机制（Gordon，2001；Larsen，2008），也得以让本文更有效地分析国际援助背后的认知问题。拉森（Larsen）对"应得性"原则做出了以下五个方面的系统梳理：支配能力原则（control）、必要性原则（necessity）、身份认同原则（identity）、互惠原则（reciprocity）与受援方态度（attitude）。例如，对周围环境有较少支配能力的人更应该得到援助，这解释了自然与人为灾害中相互援助的团结现象；而需求越急的群体越需要得到援助，则解释了社会在拨付资源、减轻饥荒方面更易形成共识的原因。

身份认同原则、回报原则及受援方态度等标准，对援助方与受援方的形象平等具有负面影响，因为它们主要评价的是受援方的特征而非他们所处的环境。正如前文所分析的，身份认同与回报原则是马歇尔关于公民权概念的基础性要义，它们在强化了群体内部团结的同时，还强化了对那些既不具有共同身份（国籍、民族或公民权）也未在社会福利再分配上做出明显贡献的群体间的区隔。正如本文所指出的，提供全球自然公共产品与全球政策公共物品的机制存在重大区别，而这一区别可以用回报原则及身份认同原则的适用性加以解释。在全球自然公共产品的问题上，它们的全球特征代表了人类种群的广泛特

第六章 全球公共物品与形象不平等：国际援助提供全球公共物品的困境

征：人类被气候变化威胁，但同时也对此承担责任。而回报原则则不适用于历史上对这些物品的生产，因为它们是由非人为力量所塑造的自然、宇宙乃至造化。相比之下，回报原则而非激励决定了对公共环境产品供应的保障，正如从全球公共产品供应技术中系统总结出的几点所见：最强者提供、最弱者受益、各出其力、共同奉献。就行为体各出其力而言，人们都承认一些国家在保护全球公共产品上较之其他国家有更多的贡献（例如保护热带森林），而根据回报原则，人们也承认其他国家必须参与到这一保护全球自然公共物品的贡献中。当有助于共同奉献的技术得以应用时，可以预料所有国家都会加入提供公共产品的行列中，但在最弱者受益的原则下，其他国家应贡献更多的资源赋予弱国更多的效能。

就政策性公共产品而言，回报原则适用于过去或者未来时段，这意味着年长者与儿童都有权利获得援助，因为他们都曾或将在年富力强之时为社会财富创造做贡献。此处的所谓贡献可以被理解为参与物质生产。通常来看，富裕安定的社会是其自身努力奋斗的结果，尽管也常常存在其他低效、慵懒以及更为腐败的社群。在这些情况下，如果处于优势地位的社会拒绝施以援助，就不得不承担相应的负外部效应。对这种假设的强调正当化了发达社会转移援助物资的行为，而这类国际开发援助的正当化论述在国际移民管理的政治中清晰可见。例如，如果移出国经济社会条件得到改善，中转国与移入国就不用承受因非常规国际移民造成的负外部效应。这既是欧盟对于非洲移民问题的论点，也是近几个月来墨西哥政府对于中美洲国家至美国的移民潮的论点。对负外部效应的强调没有正当化合作贡献援助，相反，这一论述认为，一旦找到规避负外部效应的方式，援助方则会摆脱承担负外部效应的责任。也就是说，援助方会认为一些公共产品并不是全球性的，而应当只在区域或国内范围内提供。他们甚至能决定某些物品不再是公共产品，而是只有通过付费才能受益的俱乐部物品。因此，美国总统会拒绝中美洲的发展计划，采取边境军事化管理措施，意在表明美国自身能够管理移民流入国内的问题。

作为"应得性"检验标准的受援方态度是导致援助关系不平等的另一因素。受援方预期之中的行为应是顺从、满足与感激的，它们必须克制对援助方的质疑，谚语"乞丐不能挑肥拣瘦"（Beggars can't be choosers）恰当地总结了这一"态度标准"。这种权利不平等的关系常常体现在决策过程中。在国际体系中，大国及其卫星国、发达国家与发展中国家、国家与非国家行为体间的权力关系决定了哪些政策会被通过或执行、资源如何分配，以及哪些问题会成为优先事项。全球公共产品取决于对生产、保存与分配所进行的国际协调与合作。全球治理的概念意味着向一个更具包容与公平的国际环境转型。然而现实是，发展中国家难以在这一问题上拥有发言权，大部分是"议程接受方"甚至"政策接收方"（Kaul et. al, 2003），它们在国际谈判中也面对物质资源与形象资源上的劣势（Chasek 和 Rajamani, 2003; Albin, 2003; Taekyoon, 2013）。

援助低效（aid fatigue）现象限制了开发计划资源的可及性，这与"应得性"密切相关。发展并未被认为是一个全球公共产品，而只是被当作俱乐部物品，这意味着获益之前需要付费。这种付费可以是象征性的，表现为共同的身份认同，对于生产与维护公共物品贡献的回报，或者是一种感谢的态度。行为体蛮横地索取援助被解读为挑衅、充满敌意和不思感谢，进而导致一种怀疑，即认为这些行为体是搭便车者，只想坐享其成而不愿承担生产成本的责任。

需要重点牢记的是，"应得性"原则是社会建构的产物，且在这一意义上具有可塑性。它的持续存在，是赖于发达国家用其来正当化的福利政策。拉森（Larsen，2008）的研究发现，实施普遍化社会福利政策的国家更少适用这一原则，因为并不需要确定急需福利的程度以及谁应当承担这一责任的问题。回报原则被公民与政府的正义关系取代。它们所面临的挑战不是解决特定群体的问题，而是解决关于教育、收入或医疗的总体问题：

> 最终，正如普遍性的制度逻辑抑制了需求、支配、身份与回报原则的讨论那样，关于获得收益与服务的受援者态度也多少成为一个不太重要的问题。没有人期待公民（包括穷人与失业者）会表达感恩，因为他们都接受基本的养老金、都获得免费医疗资源，以及都能获得高额的育儿补贴（Larsen，2008）。

五 提供公共物品：替代方案的具体化

关于"应得性"的动态过程与形象不平等的分析表明，在全球公共政策缺位的情况下，全球公共物品的概念对其供给机制的讨论存在负面影响。与发展问题相关的协议和国际合作聚焦资源的（再）分配，推动了"应得性"评价原则的普及，尽管这是以一种非正式的方式完成的。如果比照国家福利政策的不同机制，普遍获取全球公共资源是一个更公平的解决方案。

由此，全球公共产品的概念被普遍人权的概念取代。然而在短期之内，这并不是一个可行的解决方案。在关于人权是否具有普遍性的辩论之外，甚至在西方自由社会中也存在一个观点，即社会权利属于公民权而非人权，呼应了马歇尔关于身份认同与共同遗泽的论点。

因此，本文提出对全球自然公共产品（或全球自然公地）融资适用性的分析。正如上文所述，广义而言有四种提供这一类公共品的方式：最强者提供、最弱者受益、各出其力、共同奉献。这些基本模型承认了不同行为体在生产环境公共产品上存在不均等的贡献，且在消费上存在竞争与挤占的现象。如果没有热带森林的发达国家承认热带森林维系生态平衡的重要性，它们也就不得不承认森林在地区和国家层面上是私人物品：它们维系了社群的存续，同时是国民经济的重要一环。对于这些资源的保护和管理所需的成本会削弱投资保护自然资源的积极性。而诸如 ONU REDD+ 这样的"生态服务支付体系"则是为保护环境提供融资而避免污名化受援方的常见机制。这些付费方式被描绘为对发展中国家为在保护全人类重要资产而支付成本的补偿。如果一般的补贴被描绘为对生产公共物品的补贴而非消费，那么这种补贴也是一个有效的机制。国际开发援助是一种补贴机制，但是在现有的诠释下，它是一种限制负外部效应的支付方式。如果我们将其视为一种研究经费补贴，那么不会产生所谓的污名化受援方的现象；相反，它们反映了科学家群体对于生产公共品的独特贡献的承认。在全球公共产品的问题上，补贴与经济资源转移必须被理解为一种生产全球公共产品的贡献手段，否则难以适用于其他社会中。

本文承认这一建议并不能解决深层的"谁确定什么是公共

产品或私人物品，以及哪些公共产品应当全球化共享"的问题。但正如本文在开头处指出的，公共产品的公共性质并不取决于其内在特征，而是体现在特定社会中价值观与偏好上的政治决定。在全球公共产品的问题上，价值观与偏好的差异巨大。同时，也不存在能够促进改进认知、交换意见或确立有限方案的全球公共论坛。权利不平衡利于发达国家的偏好，这让发达国家将危机管理的负面话语与控制负外部效应的问题加压至境外。发达国家所谓的作为全球公共产品的"全球治理"，是一种维护其主导利益的不平等的强权工具。此外，对公共空间的私有化在发达国家也日趋严重，从而削弱了其生产公共产品的持续努力并使其转变为俱乐部物品。转向封闭社群的趋势以及全国与地方层面上再分配机制的削弱意味着公共责任的削弱，以及将私人关切提至公共平台议程的能力（Bauman，2002）。为了让全球公共产品的供应机制更加行之有效，我们必须寻找方式激活与改进国家与地方层面上的公共讨论空间，成为鲍曼（Bauman）所说的"广场"（agora），即一个社会公正、价值共享、充满公共的善并有能获得力量共享未来的地方。

第七章

腐败与公共产品供给

理查德·卡里尔（Richard Kalil）
安德列斯·赞布拉诺（Andres Zambrano）

■ 摘要

全世界的政府由于腐败每年损失的 GDP 占全球 GDP 的 5%以上。同时，避税也造成了类似规模的损失。这表明全球 10%的 GDP 没有用于公共产品，公共产品的数量和/或质量被减少或降低，导致国家陷入恶性循环。尽管这两个问题通常被分开处理，但它们却是息息相关的。腐败程度较高的国家，税收收入较低，这表明腐败的不利影响大于预期。本文使用哥伦比亚的市政数据和从其他发展中国家搜集的证据，对这种相互关系进行实证研究。研究证实：一旦考虑税收这一因素，腐败对公共产品供给的影响将会放大。

■ 关于作者

理查德·卡里尔（Richard Kalil）拥有哥伦比亚安第斯大学经济学学士和硕士学位。他还拥有安第斯大学历史硕士学位、公共政策硕士学位和哲学学士学位。卡里尔的学术兴趣十分广泛，包括史学、经济学理论、数学和形而上学。他的经济研究专注于税收、公共财政和政治经济学。他当前的研究聚焦腐败、政府声誉和税收之间的关系。

安德列斯·赞布拉诺（Andres Zambrano）是哥伦比亚波哥大安第斯大学经济学系宏观经济学主任和副教授。他的研究兴趣在税收、保险、冲突和信息经济学领域。他研究过利益相关者对冲击的反应和后果，以及旨在缓解这种后果的公共政策。他目前的研究重点聚焦贫困陷阱的存在、腐败与税收贡献之间的关系、冲突的后果和用基于信息供给的非惩罚性策略来减少犯罪。他在《世界发展》（*World Development*）、《世界银行经济评论》（*World Bank Economic Review*）和《经济学理论》（*Economic Theory*）等期刊上发表过文章。安德列斯拥有加州大学洛杉矶分校经济学硕士和博士学位。他还拥有哥伦比亚罗萨里奥大学经济学学士和硕士学位。

一 简介

目前估计，全世界的政府因避税每年蒙受的损失超过全球GDP的5.1%，每年因腐败造成的损失也达到了类似的比例（Tax Justice Network，2011）。这两种不利因素都会降低税收收入，从而降低政府供给公共产品的能力。这个数量大于全球医疗保健总支出，是全球教育公共支出的两倍以上，是分配给研发预算的五倍以上。此外，这两种不利因素是紧密相关的。图7.1显示，透明度指数较低（腐败程度较高）的国家，其税收收入占GDP的百分比往往较低，这使国家陷入了恶性循环。本文使用哥伦比亚的市政数据探索腐败对税收的影响，并结合其他发展中国家的证据来证实研究结果的外部有效性。

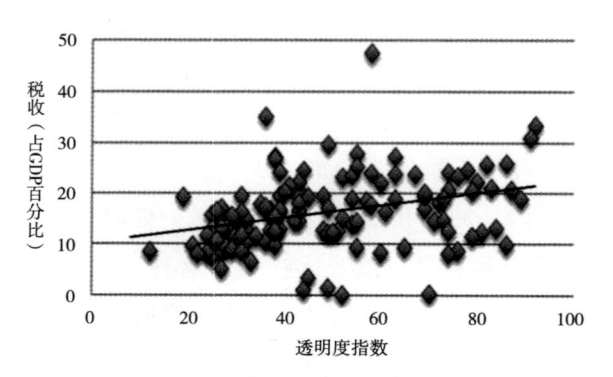

图7.1 税收收入与透明度指数

资料来源：透明国际，2018。

避税行为在世界范围内普遍存在。即使是拥有完善制度的国家（例如美国），在强制遵守其制度并可能适用刑事处罚的情况下，企业所得税的避税率也超过了13%（Slemrod和Scotchmer，1989；Hanlon等，2005）。除了自私的避税动机（Tabellini，2000；Drazen，2000），当公民意识到所缴纳的钱将被公职人员窃取时，他们也会进行避税。然而，政府的坏名声甚至可以通过法律手段降低税收贡献。在民主制度中，如果政府想增加税收，就必须由立法机关批准以制定法律。由于立法机构（尤其是地方级别的立法机构)与选举他们的选民之间有更紧密的联系,政府的声誉可以决定这些法律是否会被批准。

后者的见解恰恰是本文在实证研究中所使用的。文章收集了1086个哥伦比亚市政府关于腐败和税收的信息以检验其因果关系。本文用地籍价值(cadastral value)变化的数据指代税收征管(tax collection),用对当地公职人员的腐败调查指代公民的腐败认识(corruption beliefs),对十年的数据进行了研究。通过工具指数模型,研究发现增加一次腐败调查将导致地籍更新次数减少1.2%(降低了税收收入)。文章还用2005—2007年的子样本作稳健性检测,并把公职人员的任职期限纳入考量,得出了相似的结果。

这些结果表明:恶性循环可能出现,这将阻碍对公共产品的适当投资,从而进一步影响发展。腐败本身已导致资源损失、避税行为和税收收入降低。较低的税收收入意味着用于教育和司法系统等公共产品的钱将被削减,而他们是可能减少腐败的。

本文认为好的制度可以打破这种恶性循环。根据现有文献,被捕的可能性和避税的罚款程度可以限制避税行为(Allingham和Sandmo,1972;Yitzhaki,1987;Usher,1986;Kaplow,1990;Cowell,1990;Mayshar,1990;Andreoni,1992;Scotchmer和Slemrod,1989;Slemrod,2001)。因此,更好的制度(better institutions)能降低腐败带来的预期盈余(expected surplus from corruption),并减少腐败政府偷窃的动机。因为公民调整了他们对潜在腐败的认识,并认为腐败的可能性会降低,这反过来增加了税收收入。

本文的其余部分安排如下:第二部分介绍了腐败出现对避税行为的合理解释,调查了现有研究成果。文章还讨论了这种行为是如何导致恶性循环的，强调了好的制度对打破这种恶性循环的作用。第三部分描述了计量经济学策略，展示了对哥伦比亚市政数据进行实证研究的主要结果。第四部分总结全文。

二 理论方法

本节首先回顾现有的文献，这些文献表明政府的腐败名声和税收贡献（tax collection）之间存在负相关关系。约翰逊等（Johnson et al., 2000）得出的类似结果表明，政府名声较差的东欧国家，避税行为的规模更大。温特罗布（Wintrobe）和杰克萨尼（Gerxhani）（2004）对阿尔巴尼亚得出的类似的结果表明，当公民对政府表现出更多信任时，他们避税的可能性将大大降低。

在研究了39个撒哈拉以南非洲国家之后，古拉（Ghura, 1998）发现的强有力的统计证据表明，腐败程度的增加降低了税收收入占GDP的比重。坦齐和达沃迪（Tanzi, 2000; Tanzi 和 Davoodi, 2001）用97个国家的样本调查了腐败感知指数（corruption perception indexes）与避税行为之间的关系。他们发现，腐败感知指数提高1个百分点就会导致税收收入占GDP的比重下降2.7个百分点，而收缴的所得税占GDP的比重下降0.63个百分点。

至少通过三种机制可以解释政府名声与税收贡献之间的负相关关系。第一，更多的腐败会增加资源生产率（productivity of the resources）的成本，因而产生避税行为；第二，腐败驱使企业家向地下发展以减轻腐败带来的负担；第三，也是最后一点，它降低了公民对政府的信任。

这些机制深化了腐败对公共产品供给的影响。一方面，通过改变其用途，腐败将直接削减用于公共产品的税收收入。另一方面，当纳税人面对一个臭名昭著的腐败政府时，腐败将间接降低税收收入。因此，总体上，腐败给公共产品供给带来的负面影响比以往预计的还要高。这反过来将导致更严重的恶性循环。在这种恶性循环中，较低的公共产品供给将会破坏制度，并强化对腐败活动的依赖。

如何打破这个恶性循环？本文认为更强有力的制度（stronger institutions）是避免这种陷阱的关键。在强有力的制度下，发现腐败的可能性和对腐败的惩罚都增加了。这样就可以阻止政府官员的不良行为，因为腐败的预期回报减少了。此外，强有力的制度也产生间接的影响，它可以提高公民对政府的信任，从而增加他们的税收贡献。

事实上，有证据表明，更先进、更稳固的民主（more advanced and consolidated democracies）与更低的腐败水平之间存在着强烈的联系（Goldsmith，1999；Treisman，2000；Sandholtz和Koelzle，2000；Montinola和Jackman，2002；Gerring和Thacker，2004；Kunicova和Rose-Ackerman，2005）。例如，格灵（Gerring）和萨克（Thacker）（2004）在研究了105个国家的腐败数据之后发现单一制和议会制的民主形式有助于降低腐败程度。库尼科娃（Kunicova）和罗斯·阿克曼（Rose-Ackerman）（2005）在检测了93个国家的腐败数据后提出，系统的多元化程度而不是代表比例（proportionality of representation）是解释民主国家之间腐败程度差异的原因。

更好的制度和更低的避税率（更高的缴税率）之间的紧密联系也在很大程度上得到了证实。例如，阿特伍德等（Atwood

et al., 2012) 在一项跨国分析中证明，在制度特征质量较高的国家，比如有较完善的法律传统以及有对投资者权益的保护制度（即使受公司规模、投资波动性和跨国公司存在等因素的控制），公司避税行为降低。托格勒等（Torgler et al., 2003; 2007; 2009) 在研究了 39 个以上国家/地区的数据后同样发现，政治制度的质量对税收道德（tax morale）有很强的直观影响（他们将税收道德定义为公民纳税的内在动机），这反过来又对公民避税率的降低产生了积极的影响。

三 对哥伦比亚数据的实证研究

本节通过哥伦比亚数据来验证上一节得到的主要结论，即政府腐败的坏名声会降低税收贡献。本文希望通过使用工具变量方法找到比以往研究更直接的因果关系。

数据

文章使用哥伦比亚 2003 年至 2012 年间市政级别（1086 个自治市）的数据。征税是本文的因变量，由地籍的更新次数所指代。该数据是从奥古斯丁·科达齐地理机构（Agustin Codazzi Geographic Institute）收集得来。这个机构负责管理国家地籍基础设施。公民的腐败认识是本文的主要解释变量，由对公职人员进行腐败调查次数所指代。该数据是从哥伦比亚司法部（General Colombian Attorney Office）收集得来。本文还有几个控制变量，包括收入、支出、投资和特许权使用费（royalties）等市政特征（municipal characteristics）。此类数据是从哥伦比亚国家规划局（Colombian National Planning Office）的土地可持续发展处（Sustainable Territorial Development Directorate）和安第斯大学经济发展研究中心（Center for Economic Development Studies）收集得来。

在哥伦比亚，每五年至少强制性地更新一次地籍（1995年第223号法律，第79条）。但是，有20%的市政当局进行了此类更新，其中一些甚至每年都进行更新。地籍更新也许是市政当局唯一最重要的财政政策决定。它导致土地税基数（land tax base）的增加，随之增加了税收收入。土地税约占地方税收收入的一半，约占总税收收入的10%。缺少此类更新意味着会低估当地房产的价值，从而得到低于其潜在价值的税收。

但是，更新地籍价值对地方政客来说是一个困难的决定，因为它与强烈的支持率下降有关。此外，更新还必须获得地方议会成员的批准，他们通常与当地公民有更紧密的联系。因此，地籍的更新次数在一定程度上反映了公民缴纳更多税款的意愿。

对于每个自治市，本文累计了十年期间地籍的更新次数。令 y_i 为本文的因变量，并将其定义为：

$$y_i = \sum_{t=2003}^{2012} 地籍更新次数_i \tag{1}$$

对地方公职人员的公开调查使本文能够大致了解公民对政府腐败的看法。这些信息通常都被当地媒体大肆宣传，因此将它们与当地公民对公职人员的看法联系起来是十分合理的。对于每个自治市，本文累计了10年期间对公职人员的腐败调查次数：

$$x_i = \sum_{t=2003}^{2012} 调查次数_i \tag{2}$$

变量 x_i 将是本文的主要解释变量，研究预计它与地籍更新呈负相关。本文把其他可能与征税相关的因素作为控制变量，考虑了三种控制变量类型：地理、经济和社会经济变量。作为地理控制变量，本文使用每个自治市到州首府的距离（以线性公里表示）。大量文献表明，核心城市和外围城市之间可能存在差异，因此需要把这一点作为直接控制变量。作为经济发展控制变量，本文包括了人均收入、支出、特许权使用费和中央政府转移支付（transfers from the central government）。这种转移支付和特许权使用费很重要，因为它们占市政财政收入的一半以上。因此，更高的转移支付和特许权使用费降低了更新地籍价值的可能性。作为人口控制变量，本文将该市的平均婴儿死亡率包括在内。

表 7.1 是对主要市政特征的统计摘要，文章的实证分析中已将这些特征纳入考虑范围。10 年间，本地地籍价值平均更新 2.1 次。10 年间，所有自治市平均进行了 36.77 起腐败调查。

表 7.1 主要变量汇总统计用于 2003—2012 年的分析

变量	（1）数量	（2）均值	（3）方差	（4）最小值	（5）最大值
因变量					
累计地籍更新	1086	2.118	1.197	0	11
主要解释变量					
对公职人员的累计调查	1086	36.57	47.50	1	579
工具变量					
获得最多选票并赢得众议院席位的累计候选人数	1086	7.05	2.911	0	10
控制变量					

续表

变量	（1）数量	（2）均值	（3）方差	（4）最小值	（5）最大值
各自治州到州首府的距离（线性公里）	1085	78.95	55.87	0	376.1
各市镇平均总人口	1086	29837	72453	945.6	1.166E+06
各市镇平均收入（以固定比索计算）	1086	17991	51081	2252	913789
各市镇平均婴儿死亡率	1086	0.00259	0.00334	1.29E-05	0.0534
各市地籍中土地单位的均值	1086	8751	18732	216.5	285049
各市镇人均收入（以固定比索计算）	1086	0.703	0.482	0.225	6.619
各市镇人均支出（以固定比索计算）	1086	0.737	0.53	0.23	7.177
各市镇人均中央转移支付（以固定比索计算）	1086	0.388	0.196	0.0983	2.912
各市镇人均特许权使用费（单位：百万，以固定比索计算）	1086	0.0612	0.263	0	4.679
各市镇的有偿转让（以固定比索计算）	1086	0.0126	0.0153	0.000221	0.356
各市镇人均投资（以固定比索计算）	1086	0.617	0.437	0.206	6.379

注：请参见正文以了解有关变量及其相应来源的完整说明。下表列出了2003年至2012年期间的统计数据摘要。由于市政当局可以更新城市地籍、农村地籍或两者，因此市政当局对累计地籍更新次数可以取大于10的值。

计量经济学分析和结果

现在，在介绍了文章数据的主要特征之后，我们继续进行计量经济分析的部分。为此，本文预估了一个具有乘性误差的指数模型，基本模型是：

$$f(y_i \mid x_i) = \frac{e^{-\mu\lambda_i}(\mu\lambda_i)^{y_i}}{y_i!};$$

$$其中 \lambda_i = \exp(\alpha_i + \beta x_i + \gamma c_i + \mu_i) \tag{3}$$

结果变量 y_i 是本地地籍的更新次数。还请注意，α 是一个常数、x_i 是对公职人员腐败调查次数、参数 μ_i 是误差项。请注意，c_i 表示可能包含在 λ_i 中的控制变量。此外，μ 代表对风险组的衡量。本文将自治市的人口总数作为风险组。显然，人们可以预期地籍更新的次数会随着人口数量的增加而增加，因为土地所有者的权力预计会减少。本文还对其他风险组进行控制，这些风险对于市政收入也可能很重要，因为税收是与收入成正比的。

本文期望对公职人员调查次数与误差项相关。因此，本文在调查次数中加入了一个虚拟工具变量，该虚拟变量衡量市政府中得票最多的候选人是否赢得了众议院席位。这个虚拟变量代表较低的政治竞争，并与出现腐败时较少的调查有关。强硬反对派和高度的政治竞争在向公民、司法部长官员提供信息和控制民选地方当局的过程中发挥了重要作用。因此，投票最多的候选人往往总是能在众议院中赢得席位，在这些自治市，地方政治竞争和反对派的数量将会减少，这就减少了对地方公职人员调查次数。

表 7.2 概述了 2003 年至 2012 年期间该工具变量的统计相关

性。本文用估计泊松回归（模仿第一阶段）的方法以检查工具变量相关性。这种模型受制于用自治市人口数量来衡量风险组的方法，正如人们所期望的那样，调查的次数随风险组的规模而变化。这里风险组的规模是指居民数量或收入。附录中给出了将工具变量应用于具有乘性误差的指数模型的说明。

表7.3显示了2003年至2012年期间，对公职人员调查次数与地籍更新次数的影响系数。第1、2列描述了在考虑或不考虑上述外部控制的情况下，带乘性误差和市政平均人口公开数据（mean population exposure by municipality）的工具指数模型。第3、4列描述了地籍面积公开数据。第5、6列描述的是无公开数据的情况，第7、8列描述了平均收入公开数据（mean income as exposure）。最后，第9、10列描述了带有人口公开数据的非工具泊松计数模型。

表7.2　　2003—2012年工具变量对公职人员调查的影响

变量	（模型1）调查	（模型2）调查	（模型3）调查	（模型4）调查
获得最多选票并在众议院赢得席位的候选人累计人数	-0.0143*** (0.00171)	-0.00532*** (0.00177)	-0.0138*** (0.00170)	-0.00660*** (0.00175)
各市镇平均收入（以固定比索计算）		0.219*** (0.0623)		
各市镇人均支出（以固定比索计算）		-0.0327 (0.0271)		-0.00795 (0.0270)
各市镇平均中央转移支付（以固定比索计算）		-0.633*** (0.0625)		

续表

变量	（模型1）调查	（模型2）调查	（模型3）调查	（模型4）调查
各市镇人均特许权使用费（单位：百万，以固定比索计算）		0.611*** (0.0585)		1.776*** (0.0434)
各市镇人均有偿转让均值（以固定比索计算）		-12.68*** (0.450)		-14.70*** (0.403)
各市镇人均投资（以固定比索计算）		-0.222*** (0.0729)		-1.670*** (0.0452)
各自治州到州首府的距离（线性公里）		0.000445*** (8.70e-05)		0.000467*** (8.69e-05)
各市镇平均婴儿死亡率		135.7*** (2.839)		163.2*** (2.488)
常数	-6.602*** (0.0131)	-6.429*** (0.0217)	-6.100*** (0.0131)	-5.231*** (0.0212)
观察量	1086	1085	1086	1085

注：此表展示了2003年至2012年期间额外变量，即得票最多的候选人赢得众议院席位，对累计公职人员调查次数（表中简称为"调查次数"）的预计影响。模型1和模型2提出了一种带市政平均人口公开数据的泊松计数模型。模型2加入了表7.1中所述的地理、经济和人口的市政特征。模型3和模型4提出了一种市政平均收入公开数据（比索）的泊松计数模型。模型4加入了表7.1中所述的地理、经济和人口的市政特征。由于STATA软件不展示工具变量回归的第一阶段，该工具变量是属于带有乘性误差的指数模型的，因此，本文估算了泊松回归（模仿第一阶段）来检验工具相关性。括号中的数值为标准差。***$p<0.01$两组差别有非常显著意义，**$p<0.05$两组差别有很显著意义，*$p<0.1$两组差别无显著意义。

表 7.3　2003—2012 年期间，政府腐败名声对税收的影响

变量	（模型 1）更新	（模型 2）更新	（模型 3）更新	（模型 4）更新	（模型 5）更新	（模型 6）更新	（模型 7）更新	（模型 8）更新	（模型 9）更新	（模型 10）更新
对公职人员的累计调查	-0.0112** (0.00468)	-0.0121*** (0.00341)	-0.0110*** (0.00345)	-0.0124*** (0.00320)	-0.0363*** (0.00137)	-0.00868** (0.00401)	-0.0120*** (0.00275)	-0.0125*** (0.00339)	-0.0111*** (0.00119)	-0.00896*** (0.00113)
各市政人均收入（以固定比索计算）		1.066** (0.491)		-0.169 (0.585)		-0.107 (0.583)				1.017** (0.472)
各市镇人均支出（以固定比索计算）		-0.158 (0.115)		-0.228*** (0.0740)		-0.214** (0.0871)		-0.163* (0.0894)		-0.0753 (0.0714)
各市镇人均中央转移支付（以固定比索计算）		0.461 (0.986)		1.101 (1.032)		1.755 (1.411)		0.231 (0.989)		-1.070*** (0.401)
各市镇人均特许权使用费（单位：百万，以固定比索计算）		-0.592 (0.524)		0.789 (0.629)		0.568 (0.688)		-0.137 (0.423)		-0.948*** (0.257)
各市镇人均中央转移支付（以固定比索计算）		3.980 (10.59)		5.526 (12.62)		33.82* (19.02)		4.568 (9.998)		-9.391*** (3.278)

续表

变量	(模型1)更新	(模型2)更新	(模型3)更新	(模型4)更新	(模型5)更新	(模型6)更新	(模型7)更新	(模型8)更新	(模型9)更新	(模型10)更新
各市镇人均投资(以固定比索计算)		0.0801 (0.493)		0.509 (0.598)		0.342 (0.569)		0.00135 (0.246)		0.0752 (0.496)
各自治州州首府的距离(线性公里)		−0.00139 (0.00124)		−0.000915 (0.00142)		−0.00229 (0.00185)		−0.00128 (0.00119)		0.000523 (0.000643)
各市镇平均婴儿死亡率		42.86 (73.24)		18.53 (56.90)			−125.1* (66.70)		47.58 (67.29)		84.26*** (24.04)
常数	−8.112*** (0.226)	−9.074*** (0.181)	−7.025*** (0.196)	−7.551*** (0.217)	−0.187 (0)	0.655*** (0.169)	−7.744*** (0.150)	−7.771*** (0.164)	−8.821*** (0.0581)	−9.150*** (0.120)
观察量	1086	1085	1086	1085	1086	1085	1086	1085	1086	1085

注：此表展示了2003年至2012年期间，累计对公职人员调查次数对地籍更新次数（在表中简称为"更新次数"）的预计影响。模型1和模型2提出了一个带乘性误差和市政平均人口公开地籍面积数据的指数模型。模型2加入了表7.1中所述的地理、经济和人口的市政特征。模型3和模型4提出了一个带乘性误差的无公开数据的指数模型。模型4加入了表7.1中所述的地理、经济和人口的市政特征。模型5和模型6提出了一个带乘性误差和市政平均收入公开数据的指数模型。模型6加入了表7.1中所述的地理、经济和人口的市政特征。模型7和模型8提出了一个带乘性误差和市政平均收入的非工具泊松计数。模型8加入了表7.1中所述的地理、经济和人口的市政特征。模型9和模型10提出了模型10加入了表7.1中所述的地理、经济和人口的市政特征。***p<0.01两组差别有非常显著意义，**p<0.05两组差别有很显著意义，*p<0.1两组差别无显著意义。括号中的数值为标准差。

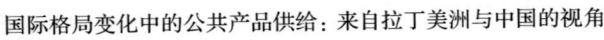

根据所有模型，文章发现在 2003 年至 2012 年期间，对公职人员进行额外调查对地籍更新产生了负面且非常显著的影响。研究表明，在 2003 年至 2012 年期间，腐败调查次数增加一次将导致地籍更新减少了 1.2%（降低了税收）。人们对政府腐败的认识的增加，使得不受欢迎的地籍更新成本过高。

稳健性检测

本节探讨实证结果的稳健性。在这个意义上，一个可能反对实证策略的论点是，研究混合了不同时期的地方政府数据，而每一任政府的任期为 3 年。因此，本文指定另一个模型来解决这个问题并检测结果的稳健性。考虑到公职人员的任职期限，研究将样本限制于 2005 年至 2007 年的子样本内。按照相同的过程，构建了对 2005 年至 2007 年期间地方政府的研究，以探索实证结果的稳健性[①]。

表 7.4 展示了 2005 年至 2007 年的统计摘要。平均而言，本地地籍 3 年累计的更新次数为 0.527 次。在这 3 年期间，各市平均有 3.44 起腐败案件被调查。表 7.5 总结了该工具在 2005 年至 2007 年期间的统计相关性。至于 2003 年至 2012 年期间，本文用估算泊松回归（模仿第一阶段）的方法来检验工具相关性。值得注意的是，当风险组是收入金额时，该工具就失去了相关性。

表 7.6 展示了 2005 年至 2007 年期间调查次数对地籍更新的影响系数。列的排列顺序与表 7.3 相同。根据所有模型，我们

---

① 另一个时间问题仍然存在：当文章对因变量和解释变量求均值时，实际上在使用未来对象来预测当前对象。

发现，在 2005 年至 2007 年期间，几乎所有模型，对公职人员进行一次额外调查对地籍更新呈负面且非常显著的影响。我们发现，在 2005 年至 2007 年期间，腐败调查次数增加一次，地籍更新便减少 1.5%（降低了税收）。

表 7.4　主要变量汇总统计用于 2005—2007 年的分析

变量	（1）数量	（2）均值	（3）方差	（4）最小值	（5）最大值
因变量					
累计地籍更新	1086	0.527	0.560	0	3
主要解释变量					
对公职人员的累计调查	1086	3.440	7.431	0	78
工具变量					
获得最多选票并赢得众议院席位的累计候选人数	1086	2.114	1.076	0	3
控制变量					
各自治州到州首府的距离（线性公里）	1085	78.95	55.87	0	376.1
各市地籍中土地单位的均值	1086	8674	18600	169	285049
各市镇平均收入（以固定比索计算）	1086	15803	43202	1786	698294
各市镇平均总人口	1086	29353	71075	908	1.155E+06
各市镇平均婴儿死亡率	1086	0.00271	0.00351	1.34e-05	0.0564
各市镇人均收入（以固定比索计算）	1086	0.653	0.481	0.153	7.406

第七章 腐败与公共产品供给

续表

变量	（1）数量	（2）均值	（3）方差	（4）最小值	（5）最大值
各市镇人均支出（以固定比索计算）	1086	0.691	0.538	0.165	9.306
各市镇人均中央转移支付（以固定比索计算）	1086	0.362	0.217	0.0634	3.523
各市镇人均特许权使用费（单位：百万，以固定比索计算）	1086	0.0487	0.264	0	5.881
各市镇的有偿转让（以固定比索计算）	1086	0.0106	0.0158	0	0.367
各市镇人均投资（以固定比索计算）	1086	0.584	0.490	0.134	9.005

注：请参见正文以了解有关变量及其相应来源的完整说明。下表列出了 2005 年至 2007 年期间的统计数据摘要。

表 7.5　　2005—2007 年期间，工具变量对公职人员调查的影响

变量	（模型1）调查	（模型2）调查	（模型3）调查	（模型4）调查
获得最多选票并在众议院赢得席位的候选人累计人数	−0.0305** (0.0152)	−0.0311** (0.0158)	−0.0213 (0.0151)	−0.0269* (0.0155)
各市镇人均收入（以固定比索计算）		1.038*** (0.252)		
各市镇人均支出（以固定比索计算）		1.836*** (0.643)		1.383*** (0.492)

续表

变量	（模型1）调查	（模型2）调查	（模型3）调查	（模型4）调查
各市镇平均中央转移支付（以固定比索计算）		0.797*** （0.217）		
各市镇人均特许权使用费（单位：百万，以固定比索计算）		1.432*** （0.201）		1.278*** （0.115）
各市镇人均有偿转让均值（以固定比索计算）		-16.27*** （1.519）		-16.91*** （1.451）
各市镇人均投资（以固定比索计算）		-3.561*** （0.648）		-2.766*** （0.545）
各自治州到州首府的距离（线性公里）		-0.00131*** （0.00296）		-0.00117*** （0.000298）
各市镇平均婴儿死亡率		84.44*** （10.14）		136.4*** （7.291）
常数	-8.988 （0.0357）	-8.939*** （0.0573）	-8.387*** （0.0355）	-7.628*** （0.0552）
观察量	1086	1085	1085	1085

注：此表展示了2005年至2007年期间额外变量，即得票最多的候选人赢得众议院席位，对累计公职人员调查次数（表中简称为"调查次数"）的预计影响。模型1和模型2提出了一种带市政平均人口公开数据的泊松计数模型。模型2加入了表7.2中所述的地理、经济和人口的市政特征。模型3和模型4提出了一种市政平均收入公开数据（比索）的泊松计数模型。模型4加入了表7.2中所述的地理、经济和人口的市政特征。由于STATA软件不展示工具变量回归的第一阶段，该工具变量是属于带有乘性误差的指数模型的。因此，本文估算了泊松回归（模仿第一阶段）来检验工具相关性。括号中的数值为标准差。***p<0.01两组差别有非常显著意义，**p<0.05两组差别有很显著意义，*p<0.1两组差别无显著意义。

第七章 腐败与公共产品供给

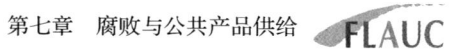

表7.6 2005—2007年期间政府腐败名声对税收的影响

变量	(模型1)更新	(模型2)更新	(模型3)更新	(模型4)更新	(模型5)更新	(模型6)更新	(模型7)更新	(模型8)更新	(模型9)更新	(模型10)更新
对公职人员的累计调查	-0.0787***(0.0172)	-0.0536**(0.0250)	-0.0045***(0.0185)	-0.0508*(0.0262)	-0.0613**(0.0273)	-0.0779(0.0641)	-0.0638***(0.0226)	-0.0586**(0.0233)	-0.0792***(0.0126)	-0.0639***(0.0139)
各市政人均收入（以固定比索计算）		-0.113(1.069)		-1.230(1.254)		-2.813(5.511)				1.445**(0.531)
各市镇人均支出（以固定比索计算）		4.422**(1.864)		4.198**(1.972)		-0.519(2.970)		2.111(1.444)		0.828(1.335)
各市镇人均中央转移支付（以固定比索计算）		-0.569(0.579)		-1.584(0.646)		-0.831(1.290)		-0.943**(0.726)		(0.476)
各市镇人均特许权使用费（单位：百万，以固定比索计算）		0.0173(0.934)		0.416(0.713)		1.605(5.151)		-0.443(0.891)		-0.678**(0317)
各市镇的有偿转让（以固定比索计算）		-10.64**(5.314)		-9.863**(4.768)		17.49(20.10)		-7.611(4.992)		-18.44**(7.250)

— 137 —

续表

变量	(模型1)更新	(模型2)更新	(模型3)更新	(模型4)更新	(模型5)更新	(模型6)更新	(模型7)更新	(模型8)更新	(模型9)更新	(模型10)更新
各市镇人均投资（以固定比索计算）		-4.064*** 1.529		-3.056** (1.498)		3.962 (3.579)		-2.329 (1.449)		-1.416 (1.337)
各自治州到州首府的距离（线性公里）		-0.00159 (0.00145)		-8.77e-05 (0.00144)		-0.00516 (0.00636)		-0.00172 (0.00157)		0.000297 (0.000776)
各市镇平均婴儿死亡率		72.99* (37.79)		119.0** (49.00)		-35.27 (63.93)		76.60* (40.45)		75.23** (23.64)
常数	-9.438*** (0.172)	-10.43*** (0.395)	-8.518*** (0.148)	-9.057*** (0.397)	-0.0905 (0.487)	0.688 (1.696)	-9.158*** (0.179)	-8.993*** (0.399)	-10.41*** (0.0649)	-10.65*** (0.145)
观察量	1086	1085	1086	1085	1086	1085	1085	1085	1086	1085

注：此表展示了2005年至2007年期间，累计对公职人员调查次数对地籍更新次数（在表中简称为"更新次数"）的预计影响。模型1和模型2提出了一个带乘性误差和市政平均人口公开数据的指数数据模型。模型2加入了表7.1中所述的地理、经济和人口的市政特征。模型3和模型4提出了一个带乘性误差和市政平均地籍面积公开数据的指数数据模型。模型4加入了表7.1中所述的地理、经济和人口的市政特征。模型5和模型6提出了一个带乘性误差的无公开数据平均收入公开数据指数数据模型。模型6加入了表7.1中所述的地理、经济和人口的市政特征。模型7和模型8提出了一个带乘性误差和市政平均收入的非工具变量松计数。模型8加入了表7.1中所述的地理、经济和人口的市政特征。模型9和模型10提出了模型8加入了表7.1中所述的地理、经济和人口的市政特征。***p<0.01两组差别有非常显著意义，**p<0.05两组差别有很显著意义，*p<0.1两组差别无显著意义。括号中的数值为标准差。

— 138 —

四 结论

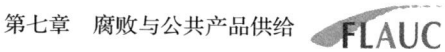

本文认为，通过改变公民的缴税率来获得税收收入，政府的腐败名声是一个重要的决定因素。我们用哥伦比亚市政级别的数据检验了我们的假设，发现其影响十分可观。结果表明，腐败对公共产品供给的影响比先前估计的更大。腐败不仅通过转移本应用于公共产品供给的税收收入对税收产生直接影响，也能够通过诱导公民减少税收贡献产生间接影响。这可能进而造成恶性循环，即公共产品供给的减少可能在未来产生更多的腐败。我们认为，改善制度是打破这种恶性循环的关键。根据引用的文献，好的制度不仅可以通过降低腐败的预期回报直接抑制腐败，还通过提高公民对政府的信任来改变公民的避税率。

附录7.1

关于使用乘性误差处理指数模型的解释

$$f(y_i \mid x_i) = \frac{e^{-\mu\lambda_i}(\mu\lambda_i)^{y_i}}{y_i!}; 其中 \lambda_i = exp(\alpha + \beta_1 x_i + \mu_i)$$

假设没有衡量风险组的度量。由于误差是成倍增加的，因此得到：

$$E[y \mid x, v] = exp(\alpha + x\beta)v$$

其中 $v = \log(u)$。由于其内生性，$E(y \mid x)$ 与 $exp(\alpha + x\beta)v$ 不成比例，得出一个不一致的 β。假设工具变量 z 可用，使得 $E(\mu \mid z) = \delta$，其中 δ 为常数。

由此
$$E[(y)\exp(-\alpha-x\beta)\mid z]=\delta$$
或
$$E[y\exp(\tilde{a}-x\beta)-1\mid Z]=0$$
其中 $\tilde{a}=\alpha+\log(\delta)$。所以可以使用此公式来估计 β：
$$\sum_{i=1}^{n}(y_i\exp(\tilde{a}-x\beta)-1)z_i=0$$

结 论

从中国和拉美公共产品中学到的经验

妮可·珍妮（Nicole Jenne）　　邓皓琛

读者可能已经注意到，改变对同一问题的处理方法有时可以带来知识性或实践性的新发现，特别是当这种方法被不同国家的人采用，而他们又共享类似的经验时。

本书各章从不同的学科、方法论和地理背景出发，论述了一系列公共产品提供的问题。综合来看，我们可以得出三个共同的结论，第一，中国和拉美国家有着相似的问题；因此，第二，这为两者之间的合作提供了相当大的潜力；但第三，有一些关键的障碍，仍然需要在短期、中期和长期内得到深思熟虑的解决。

尽管在许多方面有所不同，但本书的作者指出了中国和拉丁美洲不同地区的一些类似问题和挑战。其中包括对经济和社会发展的需求，这些因素在双方看来对治理均至关重要。理查德·卡里尔（Richard Kalil）和安德列斯·赞布拉诺（Andres

Zambrano）所论述的腐败和避税揭示了哥伦比亚不同力量的复杂性。如果建立一个更有效的机制体系可以成为解决哥伦比亚腐败问题的方法，那么中国近年来在应对腐败方面的经验或许可提供可行的启示。在刘永涛看来，在外交政策方面，双方在许多问题上有相似的偏好，更重要的是，妮可·珍妮（Nicole Jenne）和克里斯蒂安·沃思（Christian Wirth）的贡献使我们思考地区性机构在东亚和拉丁美洲供给公共产品的作用——几十年来，美国一直在这两个地区发挥着关键作用。

鉴于这些共同的特点和问题，本书作者们相信双方合作的潜力是相当大的。然而，尽管中国和拉美国家之间的关系在过去20年里发生了根本性的变化，这些文章也指出了实现这一潜力的巨大挑战；尽管技术不断进步，地理距离仍然是一个障碍，但刘永涛在讨论公共产品的概念时提醒我们人与人之间关系对创造共同的知识、规范和身份的重要性，虽然人文交流并不像贸易那样产生直接可计算的结果，但它将为其他类型的交流铺平道路，只有当这种交流存在时，才会有真正的共同产品被跨国界的不同行为者欣赏和复制。否则，由于经济民族主义和反全球化等情绪在许多政治上开放的社会（如拉丁美洲）中不断上升，其可能会阻碍有意义的合作。

尽管拉美地区和中国之间存在一定程度的经济互补性，但不利于双方关系的障碍确实存在。例如，拉美地区人们担心向中国出口商品和进口制成品的风险会使拉美陷入与历史上南北关系类似的不发达边缘状态。除此二者外，不可否认的是，拉美地区如何处理与中、美两国的关系也很重要。如果不能成功应对这种竞争，中美关系不仅会影响中国提供公共产品的能力，还会对拉美和世界其他地区产生影响。朱莉安娜·冈萨雷斯·

豪雷吉（Juliana González Jáuregui）的文章和胡安·帕博罗·卡萨迭哥·格瓦拉（Juan Pablo Casadiego Guevara）的文章都强调了美国对中拉关系的影响，珍妮和沃思的文章也强调了华盛顿在提供公共产品方面的作用。

  为了避免冲突，并创造被大众而不仅是被经济精英认为双赢的结果，一些作者指出了构建包括不同行为者和偏好的国际合作的重要性，即使这并不承诺带来直接经济利益。例如胡安娜·加西亚·杜克（Juana Garcia Duque）和胡安所描述的推动发展合作的多方利益相关者网络。此外，本书中的不同作者强调了坚实和透明的机制对设计能够提供实际合作成果的公共政策的重要性。珍妮和沃思指出，鉴于美国权力相对衰弱，为国际合作寻找合适的机制已经成为东亚和拉美地区的重要任务。玛塔·奥奇曼（Marta Ochman）对全球公共产品供给替代机制的讨论为思考再分配机制提供了良好的起点，这些再分配工具应使用理想的方法，而非污名化受援者。

  通过对本书提出的一些要点进行简要总结，不难看出，拉美和中国学者在这方面的努力是进一步研究该问题的重要步骤。在此意义上，结论并不是一个结束，而是进一步思考的前奏。拉美和中国的学者们均受邀继续进行这项工作。

参考文献

第一章 南北美洲关系与拉丁美洲现代性的语义

Acharya, Amitav. 2014. *The End of American World Order*. Cambridge: Polity Press.

Acheraïou, Amar. 2011. *Questioning Hybridity, Postcolonialism and Globalization*. Basingstoke: Palgrave Macmillan.

Bianculli Olivo, Teresa. 2010. "América Latina en el mundo de J. M. Briceño Guerrero: la pregunta por el Puesto." *Anuario GRHIAL* 4(4): 151-176.

Briceño Guerrero, José Manuel. 2003 [1966]. *América Latina en el mundo*. 3rd ed., Mérida: Editorial Venezuela.

Briceño Guerrero, José Manuel. 2014 [1994]. *El laberinto de los tres minotauros*. Caracas: Monte Ávila.

Buzan, Barry. 2010. "Culture and international society." *International Affairs* 86(1): 1-26.

Carrero Mora, Ricaurte Bohanerges. 2011. "Los blancos en la sociedad colonial venezolana: Representaciones sociales e ideología." *Paradigma* 32(2): 107-123.

Diez, Thomas. 2014. "Setting the limits: Discourse and EU foreign policy." *Cooperation and Conflict* 49(3): 319-333.

Finnemore, Martha, and Kathryn Sikkink. 1998. "International Norm Dynamics and Political Change." *International Organization* 52(4): 887-917.

Freyberg-Inan, Annette. 2016. "Rationality." In *Concepts in World Politics*, edited by Felix Berenskoetter, 57-72. London: SAGE.

Friedrichs, Jörg. 2016. "An intercultural theory of international relations: how self-worth underlies politics among nations." *International Theory* 8(1): 63-96.

Gallagher, Kevin P. 2016. *The China Triangle: Latin America's China Boom and the Fate of the Washington Consensus*. Oxford: Oxford University Press.

Gramsci, Antonio. 1971. *Selections from the Prison Notebooks*. New York: International Publishers.

Grugel, Jean, and Pia Riggirozzi. 2018. "Neoliberal disruption and neoliberalism's afterlife in Latin America: What is left of post-neoliberalism?" *Critical Social Policy* 38(3): 547-566.

Holcombe, Randall G. 2000. "Public Goods Theory and Public Policy." *The Journal of Value Inquiry* 34(2): 273-286.

Hunter, Wendy, and Timothy J. Power. 2019. "Bolsonaro and Brazil's Illiberal Backlash." *Journal of Democracy* 30(1): 68-82.

Jaeger, Hans-Martin. 2010. "Modern Systems Theory and/as Historical Discourse Analysis." In *New Systems Theories of World Politics*, edited by Mathias Albert, Lars-Erik Cederman and Alexander Wendt, 69-96. Basingstoke: Palgrave Macmillan.

Kayaoglu, Turan. 2010. "Westphalian Eurocentrism in International

Relations Theory." *International Studies Review* 12(2): 193-217.

Kingsbury, Donald. 2013. "Between Multitude and Pueblo: Venezuela's Bolivarian Revolution and the Government of Un-governability." *New Political Science* 35(4): 567-585.

Kleinschmidt, Jochen. 2018. "Differentiation Theory and the Global South as a Metageography of International Relations." *Alternatives* 43(2): 59-80.

Kleinschmidt, Jochen, and Pablo Gallego Pérez. 2017. "Differentiation theory and the ontologies of regionalism in Latin America." *Revista Brasileira de Política Internacional* 60(1): 1-21.

Long, Tom. 2016. "The United States and Latin America: The Overstated Decline of a Superpower." *The Latin Americanist* 60(4): 497-524.

Luhmann, Niklas. 1992. "The Concept of Society." *Thesis Eleven* 31(1): 67-80.

Mahoney, Edward P. 1987. "Lovejoy and the Hierarchy of Being." *Journal of the History of Ideas* 48(2): 211-230.

Malamud, Andrés, and Gian Luca Gardini. 2012. "Has Regionalism Peaked? The Latin American Quagmire and its Lessons." *The International Spectator* 47(1): 1-21.

Maldonado Bodart, Marcela, and Santos López Leyva. 2017. "La visión del desarrollo dentro del contexto global y regional. El regionalismo a través de la Alianza del Pacífico y la Asociación Latinoamericana de Integración 2005 - 2014." *Desafíos* 29(1): 13-48.

Marginson, Simon. 2007. "The public/private divide in higher education: A global revision." *Higher Education* 53(3): 307-333.

Mendoza, S. Lily. 2013. "Savage representations in the discourse of modernity: Liberal ideology and the impossibility of nativist longing." *Decolonization: Indigeneity, Education & Society* 2(1): 1-19.

Mijares, Víctor M. 2017. "Soft Balancing the Titans: Venezuelan Foreign-Policy Strategy Toward the United States, China, and Russia." *Latin American Policy* 8(2): 201-231.

Morozov, Viatcheslav and Elena Pavlova. 2018. "Indigeneity and subaltern subjectivity in decolonial discourses: a comparative study of Bolivia and Russia." *Journal of International Relations and Development* 21(3): 689-716.

Nahon-Serfaty, Isaac. 2017. "Towards a theory of grotesque transparency: The case of Hugo Chávez." *International Journal of Cultural Studies* 20(6): 653-668.

Neumann, Iver B. and Einar Wigen. 2018. *The Steppe Tradition in International Relations: Russians, Turks and European State-Building* 4000 BCE-2018 CE. Cambridge: Cambridge University Press.

Nolte, Detlef. 2013. "The Dragon in the Backyard: US Visions of China's Relations toward Latin America." *Papel Político* 18(2): 587-598.

Peixoto Batista, Juliana, and Daniela Perrotta. 2018. "El Mercosur en el nuevo escenario político regional: más allá de la coyuntura." *Desafíos* 30(1): 91-134.

Peña Galindo, Andrés. 2018. "Soft Power or Hard Power? Theoretical

Reflections on Brazilian Foreign Policy." *Revista de Relaciones Internacionales, Estrategia y Seguridad* 13(2): 97-121.

Petersen, Mark, and Carsten-Andreas Schulz. 2018. "Setting the Regional Agenda: A Critique of Posthegemonic Regionalism." *Latin American Politics and Society* 60(1): 102-127.

Prieto, Germán Camilo, and Ricardo Betancourt Vélez. 2014. "Entre la soberanía, el liberalismo y la innovación: un marco conceptual para el análisis de la Alianza del Pacífico." In *Alianza del Pacífico: mitos y realidades*, edited by Eduardo Pastana Buelvas and Hubert Gehring, 75 - 117. Bogotá: Pontificia Universidad Javeriana.

Reus-Smit, Christian. 2018. *On Cultural Diversity: International Theory in a World of Difference*. Cambridge: Cambridge University Press.

Ringmar, Erik. 2018. "What are public moods?" *European Journal of Social Theory* 21(4): 453-469.

Rodríguez Lorenzo, Miguel Ángel. 2016. "José Manuel Briceño Guerrero: Universitario Integral." *Boletín del Archivo Histórico* 15(27): 43-64.

Rojas, Cristina. 2016. "Contesting the Colonial Logics of the International: Toward a Relational Politics for the Pluriverse." *International Political Sociology* 10(4): 369-382.

Rosales, Antulio. 2013. "Going underground: the political economy of the 'left turn' in South America." *Third World Quarterly* 34(8): 1443-1457.

Rouvinski, Vladimir. 2015. "Russian Re-Engagement with Latin America: Energy and Beyond." In *The Impact of Emerging Economies on Global Energy and the Environment: Challenges Ahead*, edited by Bruce M. Bagley, Dina Mouliokova, and Hannda S. Kaab, 293-312. Lanham: Lexington Books.

Santos, Boaventura de Sousa. 2018. *The End of the Cognitive Empire: The Coming of Age of Epistemologies of the South*. Durham: Duke University Press.

Schenoni, Luis Leandro. 2018. "The Argentina-Brazil Regional Power Transition." *Foreign Policy Analysis* 14(4): 469-489.

Schmidt, Vivien A. 2017. "Theorizing Ideas and Discourse in Political Science: Intersubjectivity, Neo-Institutionalisms, and the Power of Ideas." *Critical Review* 29(2): 248-263.

Schulz, Carsten-Andreas. 2017. "Accidental Activists: Latin American Status-Seeking at The Hague." *International Studies Quarterly* 61(3): 612-622.

Schulz, Carsten-Andreas. 2019. "Hierarchy salience and social action: Disentangling class, status, and authority in world politics." *International Relations* 33(1): 88-108.

Stäheli, Urs. 1997. "Exorcising the 'popular' seriously: Luhmann's concept of semantics." *International Review of Sociology* 7(1): 127-145.

Teixeira, Carlos Gustavo Poggio. 2012. *Brazil, the United States, and the South American Subsystem: Regional Politics and the Absent Empire*. Lanham: Lexington Books.

Tickner, Arlene B. 2008. "Latin American IR and the Primacy of *lo práctico*." *International Studies Review* 10(4): 735-748.

Toro, Francisco. 2005. "Towards a critical theory of chavismo." *Caracas Chronicles*, 22 March 2005, online at https://www.caracaschronicles.com/2005/03/22/towards-a-critical-theory-of-chavismo-2/.

Vargas-Alzate, Luis Fernando. 2016. "Washington and Latin America: A Considerable Indifference." *Análisis Político* 29(86): 35-51.

Wendt, Alexander. 1999. *Social Theory of International Politics*. Cambridge: Cambridge University Press.

第二章 人文交流：对全球公共产品的贡献

程洪和杨悦：" 试论 21 世纪中国与拉美国家关系发展中的文化因素"，《拉丁美洲研究》，2017 年第 39 卷第 3 期，第 140-153 页。(Cheng Hong and Yang Yue: "On the Cultural Facotrs in the Development of Sino-LAC Relatons in the 21st Century", *Journal of Latin Ameircan Studies*, Vol. 39, No. 3, 2018, 140-153.)

郭存海："中拉文明对话：意义、目标、路径和机制"，《拉丁美洲研究》，2018 年第 40 卷第 4 期，第 1-8 页。(Guo Cunhai: "Dialogue Between Chinese and LAC Civilizations: Goals, Means and Mechanism", *Journal of Latin American Studies*, Vol. 40, No. 4, 2018, 1-8.)

黄河和戴丽婷："'一带一路'公共产品与中国特色大国外交"，《太平洋学刊》，2018 年第 26 卷第 8 期，第 50-61 页。(Huang He and Dai Liting: "Public Goods of the Belt and Road Initiative and the Major Country Diplomacy with Chinese Characteristics", *Pacific Journal*, Vol. 26, No. 8, 2018, 50-61.)

江时学:"构建中国与拉美命运共同体路径思考",《国际问题研究》,2018年第2期,第30-42页。(Jiang Shixue:"Approaches to Building the China-LAC American Community with a Shared Future", *International Studies*, No. 2, 2018, 30-42.)

刘雪莲和李晓霞:"论'一带一路'区域性公共产品的供给创新",《阅江学刊》,2017年第9卷第5期,第5-17页。(Liu Xuelian and Li Xiaoxia:"The provision Creation of Regional Public Goods of the 'Belt and Road' Initiative", *Yuejiang Journal*, Vol. 9, No. 5, 2017, 5-17.)

刘晓黎:《面向互惠性理解:疫情语境下高校推进中美人文交流的探索——以武汉大学为例》,《世界教育信息》2020年第7期。

宋效峰:"全球治理变革背景下中国特色国际公共产品供给范式",《北华大学学报》(社会科学版),2019年第20卷第1期,第102-108页。[Song Xiaofeng: "Paradigm of International Public Goods Supply with Chinese Characteristics under the Background of Global Governance Reform", *Journal of Beihua University* (Social Sciences), Vol. 20, No. 1, 2019, 102-108.]

秦丹:《疫情下中英人文交流的发展趋势与应对之策》,《世界教育信息》2020年第11期。

赵文昌:《疫情后谁来提供全球公共产品?》,《中国发展观察》2020年Z4期。

张凡等:《中国与拉美:软实力视域下的人文交流》(北京:朝华出版社,2020年)。

Costas M. Constantinou:"Between Statecraft and Humanism: Diplomacy and Its Forms of Knowledge", *International Studies Review*, Vol. 15, 2013, pp. 141-162.

Edward L. Shaughnessy: *Unearth the Changes: Recently Discovered Manuscripts of Yijing (I Ching) and Related Texts* (New York: Columbia University Press), 2014.

Elda Molina Diaz y Eduardo Regalado Florido, "Relaciones China-América Latina y el Caribe: por un futuro mejor", Economía y Desarrollo, Vol.158, Issue 2, 2017, pp.105–116.

Fredrick V. Kratochwil: "Constructivism as an Approach to Interdisciplinary Study", in Karin M. Fierke and Knud Erik Jørgensen (eds.): *Constructing International Relations: the next generation* (New York: M. E. Sharpe, 2001).

I. Ching (Yijing): *The Book of Change*, translated with an introduction and commentary by John Minford (New York: Viking, 2014).

Inge Kaul, Isabelle Grunberg, and Marc Stern (eds.): *Global Public Goods: International Cooperation in the 21st Century* (Oxford: Oxford University Press, 1999).

John Hoffman: "Reconstructing diplomacy", British Journal of Political and International Relations, Vol. 5, No. 4, 2003, 525–542.

John J. Mearsheimer: *The Tragedy of Great Power Politics* (New York: Norton, 2001).

James C. Roberts: *Constructing Global Public Goods* (Maryland: Lexington Books, 2019).

Juyan Zhang, Brecken Chinn Swartz: "Public diplomacy to promote Global Public Goods (GPG): Conceptual expansion, ethical grounds, and rhetoric", Public Relations Review, 35, 2009, 382–387.

Kenneth N. Waltz: *Theory of International Politics* (New York:

McGraw-Hill, 1979).

Lu Kun: "Ambassador Lu Kun Published a signed Article on the Belt and Road Initiative (BRI)", http://dm.chineseembassy.org/eng/ reached on May 6th, 2019.

Nicholas Onuf: "A Constructivist Manifesto", in Kurt Burch and Robert Denemark (eds.): *Constituting International Political Economy* (Boulder: Lynne Rienner, 1997).

Paul Kennedy: *The Rise and Fall of the Great Powers* (New York: Vintage Books, 1989).

Séverine Deneulin and Nicolas Townsend: "Public goods, global public goods and the common good", *International Journal of Social Economics*, Vol. 34, No. 1/2, 2007, 19-36.

S. Niggol Seo: "A theory of global public goods and their provisions", *Journal of Public Affairs*, Vol. 16, No. 4, 2006, 394-405.

Séverine Deneulin and Nicolas Townsend, "Public goods, global public goods and the common good", International Journal of Social Economics, Vol.34, No.1/2, 2007, p.32, pp.19-36.

S. Niggol Seo, "A theory of global public goods and their provisions", Journal of Public Affairs, Vol.16, No.4, 2006, p. 395.

Sandra Zapata y Aldo Adrián Martínez-Hernández, "La política exterior latinoamericana ante la potencia hegemónica de Estados Unidos y la potencia emergente de China", Colombia Internacional, Issue 104, 2020, pp. 63-93, 31.

第三章　拉丁美洲—加勒比地区是中国国际发展合作的新伙伴

Belt and Road Portal (2019). *Chile president confirmed to attend the second Belt and Road Forum*. Retrieved from: https://eng. yidaiyilu. gov. cn/dsjym. htm.

BNamericas(2017, October 16). Chile awards most of Fibra Austral project. Retrieved from https://www. bnamericas. com/en/news/ict/chile-awards-most-of-fibra-austral-project.

Community of Latin American and Caribbean States ECLAC(2018a, January 22). *Exploring new forms of cooperation between China and Latin America and the Caribbean.* Retrieved from: https://www. cepal. org/en/speeches/second-ministerial-meeting-forum-china-celac.

Community of Latin American and Caribbean States – ECLAC (2018b). *Sobre la base USGS Mineral commodity summaries* 2018. Retrieved from https://www. cepal. org/sites/default/files/presentation/files/181119 - final _ final _ corta - giz _ revisada _ alicia _ barcena_ministros_mineria_limarev. pdf.

Community of Latin American and Caribbean States-ECLAC(2019). *Poverty in Latin America Remained Steady in* 2017, *but Extreme Poverty Increased to the Highest Level since* 2008, *while Inequality has Fallen Notably since* 2000. Retrieved from https://www. cepal. org/en/pressreleases/poverty-latin-america-remained-steady-2017-extreme-poverty-increased-highest-level.

Dirlik, A. (2015). The Bandung legacy and the People´s Republic of China in the perspective of global modernity. *Inter-Asia Cultural Studies.* Retrieved from 16: 4, 615 - 630, DOI: 10. 1080/14649373. 2015. 1103024.

Dreher, A., Fuchs, A., Parks, Strange, A., Tierney, M. J.

(2017). *Aid, China, and Growth: Evidence from a New Global Development Finance Dataset.* AidData Working Paper #46. Williamsburg, VA: AidData at William & Mary.

Dreyer, 2019. *The Belt, the Road, and Latin America.* Retrieved from: https://www.fpri.org/article/2019/01/the-belt-the-road-and-latin-america/.

Ferrari, S. (2019, May 3). *La cooperación Suiza saldrá de Amlat.* Retrieved from https://www.swissinfo.ch/spa/reacciones_la-cooperaci%C3%B3n-suiza-dejar%C3%ADa-amlat/44938636.

Figliuoli, L. - International Monetary Fund. (2018). Growing Pains. Is Latin America prepared for population aging? Washington DC: International Monetary Fund.

Gallagher, K. P. & Myers, M. (2017). China-Latin America Finance Database. Washington: Inter-American Dialogue. Retrieved from https://www.thedialogue.org/wp-content/uploads/2019/02/Chinese-Finance-in-LAC-2018.pdf.

Gonzales, A. (2017). Latin America-China Trade and Investment Amid Global Tensions. *Atlantic Council, ADRIENNE ARSHT LATIN AMERICA CENTER.* Washington, DC: Atlantic Council. Retrieved from https://www.atlanticcouncil.org/images/publications/Latin-America-China-Trade-and-Investment-Amid-Global-Tensions.pdf.

Honda, S. (2014). Japan's Triangular Cooperation Mechanisms. Tokyo: Japan International Cooperation Agency Research Institute. https://www.jica.go.jp/jica-ri/publication/booksandreports/jr-ft3q00000029sb-att/Triangular_Cooperation_Mechanisms_2_ for_web. pdf.

Hosono, 2018. Potential and Challenges for Emerging Development Partners: The Case of Indonesia. Institute of Development Studies. 13-30. 10. 19088/1968-2018. 143.

Hurley, J., Morris, S., Portelance, G. (2018). Examining the Debt Implications of the Belt and Road Initiative from a Policy Perspective. CGD Policy Paper. Washington, DC: Center for Global Development. Retrieved from https://www. cgdev. org/publication/ examining-debt-implications-belt-and-roadinitiative-policy-perspective.

Inter-American Development Bank-IDB(2014). Biodiversity and Ecosystem Services Program. Washington DC: Inter-American Development Bank. Retrieved from: http://www. iadb. org/en/ topics/environment/biodiversityplatform/biodiversity - platform/ idb-biodiversity-ecosystem-services-latin-america,7721. html.

Lagarde, C.(2019). Belt and Road Initiative: Two Key Channels to Achieving Financial Connectivity. Retrieved from https:// www. imf. org/en/News/Articles/2019/04/24/sp042519 - belt - and-road-initiative-two-key-channels-to-achieving-financial-connectivity.

Lakatos, Csilla; Maliszewska, Maryla; Osorio-Rodarte, Israel; Go, Delfin Sia. 2016. *China's slowdown and rebalancing: potential growth and poverty impacts on Sub-Saharan Africa* (English). Policy Research working paper; No. WPS 7666. Washington, D. C.: World Bank Group. Retrieved from http://documents. worldbank. org/curated/en/976611468194051601/Chinas - slowdown -

and-rebalancing-potential-growth-and-poverty-impacts-on-Sub-Saharan-Africa.

Ludeña, 2017. *Chinese Investments in Latin America Opportunities for growth and diversification.* Retrieved from: https://repositorio.cepal.org/bitstream/handle/11362/41134/S1700083_en.pdf?sequence=1&isAllowed=y.

Ministry of Commerce People's Republic of China(2010, December 7). The History. Retrieved from http://english.mofcom.gov.cn/history.shtml.

Ministry of Foreign Affairs (2014). *A New Chapter in China-LAC Friendship and Cooperation.* Retrieved from: https://www.fmprc.gov.cn/mfa_eng/wjb_663304/zwjg_665342/zwbd_665378/t1179134.shtml.

Moreno, E. (2018). Panama, China sign accords on Xi visit after diplomatic ties start. *Reuters Panama.* Retrieved from https://www.reuters.com/article/us-panama-china/panama-china-sign-accords-on-xi-visit-after-diplomatic-ties-start-idUSKBN1O22PE.

Oxford Institute for Energy Studies, (2016). *China's loans for oil: asset or liability?* Retrieved from: https://www.oxfordenergy.org/wpcms/wp-content/uploads/2016/12/Chinas-loans-for-oil-WPM-70.pdf.

Peters(2018). *Monitor of Chinese OFDI in Latin America and the Caribbean* 2018. Retrieved from: http://www.redalc-china.org/monitor/images/pdfs/menuprincipal/DusselPeters_MonitorOFDI_2018_Eng.pdf.

Ratigan, K., Corrales, J. (2018, October 31). *What's new with Chinese investment in Latin America (and what's not)*? Retrieved from http://theasiadialogue.com/2018/10/31/whats-new-with-chinese-investment-in-latin-america-and-whats-not/.

Scotiabank (2018, January 4). *The Evolving Economic Relationship Between Asia - Pacific and Latin America.* Global Economics Insights and Views. Retrieved from https://www.gbm.scotiabank.com/content/dam/gbm/scotiaeconomics63/2018-01-04_I&V.pdf.

SEGIB (2018). Report on South-South Cooperation in Ibero-America 2018. SEGIB, Madrid, 198pp.

Swiss Agency for Development and Cooperation (SECO) (2019, May 5). *Public consultation on international cooperation* 2021-2024. Retrieved from https://www.eda.admin.ch/deza/en/home/news/dossiers/alle-dossiers/iza-2021-2024.html.

United Nations Development Program-UNDP (2016). Scaling-Up South-South Cooperation for Sustainable Development. Retrieved from https://www.undp.org/content/dam/undp/library/development-impact/SS%20Research%20Publications/11960%20-%20Design%20for%20Scaling-up%20South-South%20Cooperation%20for%20Sustainable%20Development%20-%202009-3_Web.pdf.

United Nations Environment, Cepei. (2018). *Environmental Governance and the* 2030 *Agenda. Progress and Good Practices in Latin America and the Caribbean.* United Nations Environment Program. Panama City: Panama. Retrieved from http://cepei.org/wp-content/uploads/2018/10/UN_Cepei-Environmental-Governance-ingles. pdf.

United Nations News (2019). At China's Belt and Road Forum, Guterres calls for 'inclusive, sustainable and durable' development. Retrieved from https://news. un. org/en/story/2019/04/1037381.

United Nations Office for South – South Cooperation (UNOSSC) (2016). *What is South – South cooperation?* Retrieved March 3, 2016, from http://ssc. undp. org/content/ssc/about/what _ is _ ssc. html.

U. S. Energy Information Administration (EIA) (2014, January). *Liquid Fuels and Natural Gas in the Americas.* Retrieved from https://www. eia. gov/beta/international/analysis_includes/special_topics/Liquid_Fuels_Natural_Gas_Americas/pdf/americas. pdf.

Werner, A. (2018, January 25). *Latin America and the Caribbean in 2018: An Economic Recovery in the Making.* Retrieved from https://blogs. imf. org/2018/01/25/latin-america-and-the-caribbean-in-2018-an-economic-recovery-in-the-making/.

World Bank, (2017). *Where does Chinese development finance go?* Retrieved from https://blogs. worldbank. org/opendata/where-does-chinese-development-finance-go.

World Bank, (2018). *Belt and Road Initiative.* Retrieved from https://www. worldbank. org/en/topic/regional-integration/brief/belt-and-road-initiative.

World Bank, (2019). *The World Bank in China, Overview.* Retrieved from https://www. worldbank. org/en/country/china/overview.

第四章　中拉合作新阶段:"一带一路"倡议项目对未来道路的影响

Cai, P., 2017. Understanding China's Belt and Road Initiative. *Lowy Institute for International Policy Analysis*, marzo.

"Chile to China: let us be your business hub in Latin America", *Reuters*, Aril 25, 2019, https://www.reuters.com/article/us-chile-china/chile-to-china-let-us-be-your-business-hub-in-latin-america-idUSKCN1S12DO.

"Chinese FM says China willing to deepen all-around cooperation with CELAC", *China Daily*, September 27, 2018, http://www.chinadaily.com.cn/a/201809/27/WS5bac33f7a310eff30327fba5.html.

Cornejo, R., 2018. El Proyecto Una Franja, Una Ruta de China y América Latina, entre las posibilidades y la realidad. En S. Vaca Narvaja y Zou Zhan (eds.), *China, América Latina y la geopolítica de la Nueva Ruta de la Seda*. Remedios de Escalada: UNLa.

Creutzfeldt, B., 2017. One Actor, Many Agents: China's Latin America Policy in Theory and Practice. In M. Myers and C. Wise (eds.), *The Political Economy of China-Latin American Relations in the New Millennium. Brave New World*, Taylor & Francis.

"China's Policy Paper on Latin America and the Caribbean", *People's Daily* (Spanish), November 5, 2008, http://spanish.peopledaily.com.cn/31621/6527840.html.

Durán Lima, J. y A. Pellandra. 2017. La irrupción de China y su impacto sobre la estructura productiva y comercial de América Latina y el Caribe. *Serie Comercio Internacional de la CEPAL*, 131.

ECLAC, 2015. *América Latina y el Caribe y China. Hacia una nueva era de cooperación económica.* Santiago de Chile: CEPAL.

ECLAC, 2016. *Relaciones económicas entre América Latina y el Caribe y China. Oportunidades y desafíos.* Santiago de Chile: Naciones Unidas.

Gallaguer, K. and M. Myers, 2019. *China-Latin America Finance Database.* Washington: Inter-American Dialogue.

Girado, G., 2018. El despliegue transcontinental de la iniciativa china. El caso latinoamericano. En S. Vaca Narvaja y Zou Zhan (eds.), *China, América Latina y la geopolítica de la Nueva Ruta de la Seda.* Remedios de Escalada: UNLa.

González Jáuregui, J., 2019. El Estado y la trama política del complejo sojero argentino en el vínculo comercial y de inversiones con China (2002-2015). *Revista Ciclos en la Historia, la Economía y la Sociedad* (en prensa).

Laufer, R., 2019. La asociación estratégica Argentina-China y la política de Beijing hacia América Latina. *Cuadernos del CEL*, Vol. IV, No. 7, pp. 74-108.

Malena, J., 2018. Cooperación entre China y América Latina dentro de la iniciativa ampliada "Una Franja, Un Camino": estudio de caso sobre infraestructura ferroviaria. En S. Vaca Narvaja y Zou Zhan (eds.), *China, América Latina y la geopolítica de la Nueva Ruta de la Seda.* Remedios de Escalada: UNLa.

Méndez, A., 2018. The Asian Infrastructure Investment Bank Comes Knocking on Latin America's Door: Is Anyone Home? *London*

School of Economics and Political Science, April 27. Available at: http://blogs. lse. ac. uk/latamcaribbean/2018/04/27/the - asian - infrastructure - investment - bank - comes - knocking - on - latin - americas-door-is-anyone-home/.

Ministry of Foreign Affairs of the PRC (MFA), 2016. *China's Policy Paper on Latin America and the Caribbean.* Available at: https://www. fmprc. gov. cn/mfa_eng/wjdt_665385/2649_665393/t1418254. shtml.

Myers, M., 2018. China's Belt and Road Initiative: What Role for Latin America? *Journal of Latin American Geography*, Vol. 17, No. 2, pp. 239-243.

"Premier proposes '3x3' model for China-Latin America cooperation", *State Council of the People's Republic of China*, May 20, 2015, http://english. gov. cn/premier/news/2015/05/20/content_281475111313739. htm.

"President Xi Jinping Attends the Sixth BRICS Summit, Visits Brazil, Argentina, Venezuela and Cuba and Attends the China-Latin America and the Caribbean Summit". *Ministry of Foreign Affairs of the PRC (MFA)*, July 18, 2014, https://www. fmprc. gov. cn/mfa _ eng/topics _ 665678/xjpzxcxjzgjldrdlchwdbxagtwnrlgbjxgsfwbcxzlldrhw/t1176650. shtml.

Ramón-Berjano, C., 2018. La Iniciativa de la Ruta de la Seda: crisis del multilateralismo y globalización con "características chinas". En S. Vaca Narvaja y Zou Zhan (eds.), *China, América Latina y la geopolítica de la Nueva Ruta de la Seda*. Remedios de Escalada: UNLa.

Ray, R. and K. Wang, 2019. China-Latin America Economic Bulletin, 2019 Edition. *GCI Economic Bulletin*.

Ríos, X., 2018. La Iniciativa de la Franja y la Ruta: reservas y entusiasmos sino-europeos. En S. Vaca Narvaja y Zou Zhan (eds.), *China, América Latina y la geopolítica de la Nueva Ruta de la Seda*. Remedios de Escalada: UNLa.

Slipak, A. y L. Ghiotto, 2019. América Latina en la Nueva Ruta de la Seda. El rol de las inversiones chinas en la región en un contexto de disputa (inter) hegemónica. *Cuadernos del CEL*, Vol. IV, No. 7, pp. 26-55.

State Council of the PRC, 2016. *China's Policy Paper on Latin America and the Caribbean*. Available at: http://english.gov.cn/archive/white_paper/2016/11/24/content_281475499069158.htm

UNCTAD, *World Investment Report*, years 2011/2014.

Velloso, M. y N. Radulovich, 2017. Oportunidades de cooperación China-América Latina en el marco sub-nacional. Paper presented in the First High-Level Academic CELAC-China Forum. CEPAL: Santiago de Chile, 17 and 18 October.

"Wang Yi Meets with Foreign Affairs and Worship Jorge Marcelo Faurie of Argentina", *Ministry of Foreign Affairs of the PRC (MFA)*, April 25, 2019, https://www.fmprc.gov.cn/mfa_eng/zxxx_662805/t1659030.shtml.

"Xinhua Headlines: China's Two Sessions Buzzwords Attract Global Attention", *Xinhuanet*, March 12, 2019, http://www.xinhuanet.com/english/2019-03/12/c_137889294.htm.

Xu, Shicheng, 2018. La comunicación en políticas entre América

Latina y China y el Caribe. En B. Guillamon *et al.*, F. Mallimaci y S. Jiang（comp.）, *La Franja y la Ruta*: *iniciativa china de cooperación con América Latina y Caribe*. Ushuaia: Ediciones UNTDF.

第五章　不进不退：地区主义和美国在争取新的东亚国际秩序中的矛盾角色

Beazley, K. （2003）. Whither the San Francisco alliance system? *Australian Journal of International Affairs*, 57（2）, 325-338. https://doi.org/10.1080/10357710301741.

Beckley, M. （2018）. Stop Obsessing About China. *Foreign Affairs*, September. Retrieved from https://www.foreignaffairs.com/articles/china/2018-09-21/stop-obsessing-about-china.

Beeson, M. （2003）. ASEAN Plus Three and the Rise of Reactionary Regionalism. *Contemporary Southeast Asia*, 25（2）, 251-268.

Bergsten, F. （2000, July 15）. Towards a tripartite world. *The Economist*, pp. 20-22.

Blanchard, B. （2013, April 15）. China points finger at U.S. over Asia-Pacific tensions. *Reuters*.

Buzan, B. （2010）. China in International Society: Is "Peaceful Rise" Possible? *The Chinese Journal of International Politics*, 3（1）, 5-36. https://doi.org/10.1093/cjip/pop014.

Chachavalpongpun, P. （2010）. How the US plays into the East Asia Summit for ASEAN. *East Asia Forum*. Retrieved from http://www.eastasiaforum.org/2010/08/17/how-the-us-plays-into-the-east-asia-summit-for-asean/.

Clinton, H. (2010). *Intervention at the East Asia Summit*. Retrieved from https://2009 - 2017. state. gov/secretary/20092013clinton/rm/2010/10/150196. htm.

Cook, M. (2008). The United States and the East Asia Summit: Finding the Proper Home. *Contemporary Southeast Asia: A Journal of International and Strategic Affairs*, 30(2), 293–312.

Cossa, R., Tay, S., & Chung-min, L. (2005). *The Emerging East Asian Community: Should Washington be Concerned?* Honolulu, Hawaii: Pacific Forum CSIS.

Crook, J. (Ed.) (2009). United States Accedes to ASEAN Amity Treaty as Sole Executive Agreement. *The American Journal of International Law*, 103(4), 741–743.

Daalder, I., & Lindsay, J. (2018). The Committee to Save the World Order. *Foreign Affairs*, Nov–Dec.

Emmers, R. (2001). The Influence of the Balance of Power Factor within the ASEAN Regional Forum. *Contemporary Southeast Asia*, 23(2), 275–291.

Friedberg, A. (1993). Ripe for rivalry: Prospects for peace in a multipolar Asia. *International Security*, 18(3), 5–33. https://doi.org/10.2307/2539204.

Funabashi, Y. (2008). Keeping Up With Asia: America and the New Balance of Power. *Foreign Affairs*, 87(5), 110–125.

Gannon, J. (2018). The Evolving US Approach to Regional Community Building. In D. Goldston (Ed.), *Engaging Asia. Essays on Laos and beyond in honour of Martin Stuart-Fox*. (pp. 15–41). København: Nordic Institute of Asian Studies.

Glaser, B., & Farrar, B. (2015, May 12). Through Beijing's Eyes: How China Sees the US-Japan Alliance. *The National Interest*. Retrieved from http://nationalinterest.org/feature/through-beijings-eyes-how-china-sees-the-us-japanalliance-12864.

Goh, E. (2004). The ASEAN Regional Forum in United States East Asian strategy. *The Pacific Review*, 17(1), 47-69. https://doi.org/10.1080/0951274042000182410.

Goh, E. (2008). Great powers and hierarchical order in Southeast Asia: Analyzing regional security strategies. *International Security*, 32(3), 113-157. https://doi.org/i: 10.1162/isec.2008.32.3.113</p>.

Hamilton-Hart, N. (2012). *Hard interests, soft illusions: Southeast Asia and American power*. Ithaca, NY: Cornell University Press.

Higgott, R. (1998). The Asian economic crisis: A study in the politics of resentment. *New Political Economy*, 3(3), 333-356. https://doi.org/10.1080/13563469808406364.

Ikenberry, G. J. (2018). Why the Liberal World Order Will Survive. *Ethics & International Affairs*, 32(01), 17-29. https://doi.org/10.1017/S0892679418000072.

Ikenberry, J. (2017). The Plot against American Foreign Policy: Can the Liberal Order Survive? *Foreign Affairs*, 92(2), 2-9.

Jho, W., & Chae, S. A. (2014). Hegemonic Disputes and the Limits of the ASEAN Regional Forum: Hegemonic Disputes and the Limits of ARF. *Pacific Focus*, 29(2), 237-259. https://doi.org/10.1111/pafo.12029.

Johnston, Alastair I., & Evans, P. (Eds.) (1999). *Engaging Chi-*

na: *the management of an emerging power*. London; New York: Routledge.

Johnston, Alastair Iain. (2017). Is Chinese nationalism rising? Evidence from Beijing. *International Security*, 41 (3), 7-43. https://doi. org/10. 1162/ISEC_a_00265.

Kang, D. (2010). *China rising: peace, power, and order in East Asia*. New York: Columbia University Press.

Katsumata, H. (2009). *ASEAN's cooperative security enterprise: norms and interests in the ASEAN regional forum*. Basingstoke [England]; New York: Palgrave Macmillan.

Katzenstein, P. (2005). *A world of regions: Asia and Europe in the American imperium*. Ithaca, N. Y.: Cornell University Press.

Kuik, C. -C., Idris, N. A., & Md Nor, A. R. (2012). The China Factor in the U. S. "Reengagement" With Southeast Asia: Drivers and Limits of Converged Hedging: The China Factor in the U. S. "Reengagement" With Southeast Asia. *Asian Politics & Policy*, 4 (3), 315-344. https://doi. org/10. 1111/j. 1943-0787. 2012. 01361. x.

Kurlantzick, J. (2007). Pax Asia-Pacifica? East Asian Integration and Its Implications for the United States. *The Washington Quarterly*, 30 (3), 67-77. https://doi. org/10. 1162/wash. 2007. 30. 3. 67.

Manyin, M., Garcia, M. J., & Morrison, W. (2009). *U. S. Accession to the Association of Southeast Asian Nations' Treaty of Amity and Cooperation (TAC)*. Washington D. C.: Congressional Research Service.

Mearsheimer, J. J. (2001). *The Tragedy of Great Power Politics*.

New York: Norton.

Midford, P. (2000). Japan's leadership role in East Asian security multilateralism: the Nakayama proposal and the logic of reassurance. *The Pacific Review*, 13(3), 367–397. https://doi.org/10.1080/09512740050147924.

Moore, G. J. (2017). Avoiding a Thucydides Trap in Sino–American Relations (⋯and 7 Reasons Why that Might be Difficult). *Asian Security*, 13(2), 98–115. https://doi.org/10.1080/14799855.2017.1286162.

Morada, N. (2002). *ASEAN, Japan, and the United States in the ASEAN Regional Forum: A Constructivist Approach to the Study of An Emerging Multilateral Security Regime in the Asia Pacific* (PhD Thesis). Northern Illinois University, Dekalb, Illinois.

Nanto, D. K. (2008). *East Asian Regional Architecture: New Economic and Security Arrangements and U.S. Policy*. Washington D.C.: Congressional Research Service.

Park, J. J. (2011). The US–led alliances in the Asia–Pacific: hedge against potential threats or an undesirable multilateral security order? *The Pacific Review*, 24(2), 137–158. https://doi.org/10.1080/09512748.2011.560957.

Paul, T. V. (Ed.) (2016). *Accommodating Rising Powers*. Retrieved from http://public.eblib.com/choice/publicfullrecord.aspx?p=4354715.

Saruta, S. (2012). *The United States and the East Asia Summit* (Master thesis). American University, Washington D.C.

Severino, R. (2012). The United States, Russia to be part of the

East Asia Summit. In P. Chachavalpongpun (Ed.), *ASEAN–U.S. relations: what are the talking points*. Singapore: Institute of Southeast Asian Studies.

Silove, N. (2016). The Pivot before the Pivot: U.S. Strategy to Preserve the Power Balance in Asia. *International Security*, 40(4), 45–88.

Stephen, M. D. (2014). Rising powers, global capitalism and liberal global governance: A historical materialist account of the BRICs challenge. *European Journal of International Relations*, 20(4), 912–938. https://doi.org/10.1177/1354066114523655.

Sutter, R., Brown, M., & Adamson, T. (2013). *Balancing Acts: The U.S. Rebalance and Asia–Pacific Stability*. Washington, D.C.: Sigur Center for Asian Studies.

Teh, B. C. G. (2011). Japan–China rivalry: What role does the East Asia Summit play? *Asia Pacific Viewpoint*, 52(3), 347–360. https://doi.org/10.1111/j.1467-8373.2011.01462.x.

Thakur, R. (1998). Australia's regional engagement. *Contemporary Southeast Asia*, 20(1), 1–21.

US Embassy. (2008). *Chinese views of Asian and Asia–Pacific regional architecture*. Wikileaks cable ID 08Beijing900_a.

USA. (2015). *The National Military Strategy of the United States of America*. Washington D.C.: Department of Defense.

Vaughn, B. (2006). *East Asia Summit (EAS): Issues for Congress*. Washington D.C.: Congressional Research Service.

Webber, D. (2001). Two funerals and a wedding? The ups and downs of regionalism in East Asia and Asia–Pacific after the Asian crisis. *The Pacific Review*, 14(3), 339-372. https://doi.org/10.1080/09512740110064839.

White, H. (2008). Why war in Asia remains thinkable. *Survival*, 50(6), 85-104. https://doi.org/10.1080/00396330802601875.

Wuthnow, J. (2017). Asian Security without the United States? Examining China's Security Strategy in Maritime and Continental Asia. *Asian Security*, 1-16. https://doi.org/10.1080/14799855.2017.1378181.

Xinhua. (2011, September 29). China urges politicians to discard Cold War mentality. *Xinhua*.

Xinhua. (2016, December 6). US Asia-Pacific Strategy Should Not Jeopardize Regional Peace, Stability. *Xinhua/Global Times*. Retrieved from http://www.globaltimes.cn/content/1022155.shtml.

Yuzawa, T. (2018). From a decentering to recentering imperative: Japan's approach to Asian security multilateralism. *The Pacific Review*, 31(4), 460-479. https://doi.org/10.1080/09512748.2017.1417327.

Zheng, B. (2005). China's 'peaceful rise' to Great-Power Status. *Foreign Affairs*, Sept./Oct. Retrieved from https://www.foreignaffairs.com/articles/asia/2005-09-01/chinas-peaceful-rise-great-power-status.

第六章 全球公共物品与形象不平等：国际援助提供全球公共物品的困境

Albin, Cecilia (2003). "Getting to Fairness: Negotiations over Global Public Goods", in: Inge Kaul, Pedro Conceicao, Katell Le

Goulven, Ronald U. Mendoza (eds) *Providing Global Public Goods. Managing Globalization*. The United Nations Development Programme. Oxford Press University. New York, pp. 263-279.

Arriagada, Rodrigo & Charles Perrings (2011). "Paying for International Environmental Public Goods", *AMBIO* 40, 798-806 doi: 10.1007/s13280-011-0156-2.

Bauman, Zygmunt (2002). *En busca de la política* México: Fondo de Cultura Económica.

CEPAL (2000). *Equidad, desarrollo y ciudadanía*. CEPAL, ONU, available in electronic version at: http://www.eclac.cl/publicaciones/xml/5/4425/lcg2071.pdf[March 6, 2012].

Chasek, Pamela & Lavanya Rajamani (2003). "Steps Toward Enhanced Parity: Negotiating Capacity and Strategies of Developing Countries", in: Inge Kaul, Pedro Conceicao, Katell Le Goulven, Ronald U. Mendoza (eds) *Providing Global Public Goods. Managing Globalization*. The United Nations Development Programme. Oxford Press University. New York, pp. 245-262.

Coyne, Christopher J. & Steve Davies (2007). "Empire: Public Goods and Bads". *Econ Journal Watch* 4, 1, 3-45.

Deneulin, Séverine & Nicolas Towsend (2007). "Public goods, global public goods and the common good". *International Journal of Social Economics* 34, 1-2, 19-36.

Edwards, Michael & David Hulme (1996). "Introduction. NGO Performance and Accountability". In: Edwards, Michael y David Hulme (eds) *Beyond the Magic Bullet. NGO Performance and Accountability in the Post-Cold War World*. USA. Kumarian Press,

Save the Children, 1-20.

Edwards, Michael & John Gaventa (ed.) 2001 *Global Citizen Action*. Boulder, Colorado: Lynne Rienner Pub.

Gordon, Linda (2001). "Who Deserves Help? Who Must provide? *ANNALS, AAPSS*, 577: 12-25.

Holcombe, Randall G. (2000). "Public Goods Theory and Public Policy", *Journal of Value Inquiry* 34, 2-3: 273-286.

Kaul, Inge, Pedro Conceicao, Katell Le Goulven, Ronald U. Mendoza (2003a). "Why Do Global Public Goods Matter Today?", in: Inge Kaul, Pedro Conceicao, Katell Le Goulven, Ronald U. Mendoza (eds) *Providing Global Public Goods. Managing Globalization*. The United Nations Development Programme. Oxford Press University. New York, pp. 2-20.

Kaul, Inge, Pedro Conceicao, Katell Le Goulven, Ronald U. Mendoza (2003b). "How to Improve the Provision of Global Public Goods", in: Inge Kaul, Pedro Conceicao, Katell Le Goulven, Ronald U. Mendoza (eds) *Providing Global Public Goods. Managing Globalization*. The United Nations Development Programme. Oxford Press University. New York, pp. 21-58.

Kaul, Inge, Isabelle Grunberg & Marc Stern (1999). *Global public goods: International Cooperation in the 21st century. Questions and answers*. Nueva York: Office of Development Studies, Bureau for Development Policy, UNDP, available at: http://www.act.nato.int/images/stories/events/2010/gc/ws _ gen _ gpg _ intlcoop.pdf[April 18, 2019].

Larsen, Christian Albrekt (2008). "The Institutional Logic of

Welfare Attitudes. How Welfare Regimes Influence Public Support", *Comparative Political Studies*, 41, 2, 145-168.

Marshall, T. H. & Tom Bottomore (1996). *Citizenship and Social Class*. Chicago: Pluto Press.

Price, Richard (2003). "Transnational civil society and advocacy in world politics" *World Politics* 55, 4, 579-606.

Serbin, Andrés (2004). "La sociedad civil regional del gran Caribe: desafíos pendientes". *Revista Venezolana de Economía y Ciencias Sociales* 10 (3), 163-177.

Shaw, Martin (1994). "Civil Society and Global Politics: Beyond a Social Movements Approach" *Millennium: Journal of International Studies* 23, 3: 647-667.

Taekyoon Kim (2013). "Social Rights as a Global Public Good: Development, Human Rights, and Accountability. *Journal of International and Area Studies*, 20 (2), 21-37.

第七章 腐败与公共产品供给

Allingham, M. & Sandmo, A. (1972). Income tax evasion: A theoretical. *Journal of Public Economics*, 1, 323-338.

Andreoni, J. (1992). Irs as loan shark: Tax compliance with borrowing constraints. *Journal of Public Economics*, 49(1), 35-46.

Atwood, T., Drake, M., Myers, J., & Myers, L. (2012). Home country tax system characteristics and corporate tax avoidance: International evidence. *The Accounting Review*, 87(6), 1831-1860.

Cowell, F. (1990). Tax sheltering and the cost ofevasion. *Oxford Economic Papers*, 42(1), 3231-3243.

Drazen, A. (2000). *Political economy in macroeconomics*. Princeton: Princeton University Press. Gerring, J. & Thacker, S. C. (2004). Political institutions and corruption: The role of unitarism and parliamentarism. *British Journal of Political Science*, 34 (2), 295-330.

Ghura, D. (1998). *Tax revenue in sub-saharan Africa: Effects of economic policies and corruption* (tech. rep. No. IMF Working Paper 98/135). Washington: International Monetary Fund.

Goldsmith, A. A. (1999). Slapping the grasping hand: Correlates of political corruption in emerging markets. *American Journal of Economics and Sociology*, 58(4), 865-883. doi: 10. 1111/j. 1536-7150.1999. tb03398. x.

Hanlon, M., Mills, L., & Slemrod, J. (2005). An empirical examination of corporate tax noncom- pliance. *Ross School of Business*, (1025).

Johnson, S., Kaufmann, D., McMillan, J., & Woodruff, C. (2000). Why do firms hide? bribes and unofficial activity after communism. *Journal of Public Economics*, (3), 495-520.

Kaplow, L. (1990). Optimal taxation with costly enforcement and evasion. *Journal of Public Economics*, 43(2), 221-236.

Kunicova, J. & Rose-Ackerman, S. (2005). Electoral rules and constitutional structures as con-straints on corruption. *British Journal of Political Science*, 35 (4), 573 - 606. doi: 10. 1017/ S0007 123405000311.

Mayshar, J. (1990). On measures of excess burden and their application. Journal of Public Economics, 43(2), 263-289.

Montinola, G. R. & Jackman, R. W. (2002). Sources of corruption: A cross-country study. *British Journal of Political Science*, 32(1), 147-170. doi:10.1017/S0007123402000066.

Network, T. J. (2011). The cost of tax abuse-a briefing paper on the cost of tax evasion worldwide. Retrieved from http://www.tackletaxhavens.com/%20Cost_of_Tax_Abuse_TJN%20Research_23rd_Nov_2011.pdf.

Persson, T. & Tabellini, G. (2000). *Political economics, Explaining economic policy*. Cambridge MA: MIT Press.

Sandholtz, W. & Koetzle, W. (2000). Accounting for corruption: Economic structure, democracy, and trade. *International Studies Quarterly*, 44(1), 31-50. doi:10.1111/0020-8833.00147.

Scotchmer, S. & Slemrod, J. (1989). Randomness in tax enforcement. *Journal of Public Economics*, 38(1), 17-32.

Slemrod, J. (2001). A general model of the behavioral response to taxation. *International Tax and Public Finance*, 8(2), 119-128.

Sun, Y. (2014). *Corporate tax avoidance and government corruption: Evidence from Chinese firms*. [In Press]. [See also his Ph.D. Thesis].

Tanzi, V. & Davoodi, H. [H.] (2000). *Corruption, growth and public finances* (tech. rep. No. Working Paper No. 00/182). Washington: International Monetary Fund.

Tanzi, V. & Davoodi, H. [H. R.] (2001). Corruption, growth, and public finances. In K. Arvind (Ed.), *Political economy of corruption* (pp. 89-110). EE. UU: Routledge.

Torgler, B. (2003). Tax morale, rule governed behavior and trust.

Constitutional Political Economy, 14, 119-140.

Torgler, B., Schaner, M., & Macinty, A. (2007). Tax compliance, tax morale, and governance quality. In *Andrew young school of policy studie*. Georgia State University.

Torgler, B. & Schneider, F. (2009). The impact of tax morale and institutional quality on the shadow economy. *Journal of Economic Psychology*, 30(2), 228-245.

Treisman, D. (2000). The causes of corruption: A cross-national study. *Jornal of Public Economics*, 76(3), 399-457. doi: 10.1016/S0047-2727(99)00092-4.

Usher, D. (1986). Tax evasion and the marginal cost of public funds. *Economic Inquiry*, 24(4), 563-586.

Wintrobe, R. & Gerxhani, K. (2004). Tax evasion and trust: A comparative analysis. In *Proceedings of the annual meeting of the European public choice society*. European Public Choice Society.

Wooldridge, J. (2015). Endogeneity issue-negative binomial. Retrieved from https://www.statalist.org/forums/forum/general-stata-discussion/general/1308457-endogeneity-issue-negative-binomial.

Yitzhaki, S. (1987). On the excess burden of tax evasion. *Public Finance Quarterly*, 15(2), 123-137.

附　录

本书英文版 *Providing Public Goods in Times of Power Transition: Views from Latin America and China* 已于 2020 年 12 月出版。本书为该书的中文版。译者团队来自国政学人共同体,初稿翻译人员如下：

第一章：姚博闻（新加坡国立大学公共政策硕士生）

第二章：杨紫茵（北京大学国际关系学院博士生）、审核：刘永涛（复旦大学国际问题研究院教授）

第三章：戴赟（外交学院国际关系研究所硕士生）

第四章：房宇馨（北京外国语大学国际关系学院硕士生）

第五章：徐一君（韩国成均馆大学国际政治硕士生）

第六章：赖永桢（美国芝加哥大学社会科学硕士生）

第七章：王芷汀（约翰·霍普金斯大学保罗·尼采高级国际研究学院硕士生）

全书翻译审核：张耀（南开大学周恩来政府管理学院国际关系博士生）

感谢以上译者参与本书的翻译工作。感谢黄河教授为本书撰写序言。本书最终由复旦发展研究院、复旦-拉美大学联盟统稿、编稿。

复旦发展研究院

　　复旦发展研究院成立于 1993 年，是改革开放以来国内最早设立的智库之一，也是"中国十大影响力智库""首批上海市重点智库"。研究院聚焦"中国发展研究"，是一家以"学科深度融合"为动力、以"统筹管理孵化"为延伸，以"高端学术运营"为特征的跨学科、综合性、国际化研究机构。研究院充分发挥复旦大学文理医工学科综合优势和国内外的影响力，"开放办智库"，形成"复旦-上海-中国-世界"多维研究网络，孵化培育了 20 个研究中心，国内首创海外中国研究中心、国际智库中心、复旦-拉美大学联盟、金砖国家大学联盟，形成全方位、多渠道的国际合作网络，为国家发展、人类进步贡献复旦学养，提出中国方案，回应世界关切。本书作者团队来自复旦-拉美大学联盟（Fudan-Latin America University Consortium，简称 FLAUC），是复旦大学与 6 个拉美国家的 13 所最负盛名的大学间交流、沟通与合作的平台。

联系方式：
　　网址：http://fddi.fudan.edu.cn
　　邮箱：fdifudan@fudan.edu.cn
　　电话：86-21-55670203
　　传真：86-21-55670203

Providing Public Goods in Times of
Power Transition: Views from
LATIN AMERICA
AND CHINA